Adiós al pañal

2008

M.ª Luisa Ferrerós

Adiós al pañal

Cómo dejar los pañales en diez días

Edición a cargo de Mercedes Villena

Planeta

Diagonal, 662-664, 08034 Barcelona (España)
Ilustraciones del interior: © Narcís Turró Cusí
Primera edición: junio de 2008
Depósito Legal: M. 23.989-2008
ISBN 978-84-08-07906-4
Composición: Víctor Igual, S. L.
Impresión y encuadernación: Rotapapel, S. L.
Printed in Spain - Impreso en España

Índice

El método que presentamos tiene una eficacia demostrada del 96 por ciento de los casos en los que se ha utilizado. Nos avalan diez años de experiencia y miles de niños contentos. Es ciento por ciento natural; no se utilizan fármacos, ni medicación alternativa. No son necesarios los aparatos antienuréticos (sensores de humedad). Y, porque cada niño es diferente, es personalizado, adaptado a las necesidades de su personalidad y características.

Este libro va dirigido a los padres, profesores y educadores infantiles que diariamente se encuentran frente a esta situación, con la intención de ofrecerles una solución válida y contrastada

Introducción

En el camino hacia la autonomía del niño, uno de los momentos clave es el del control de esfínteres.

El pequeño primero empieza a andar, luego aprende a decir sus primeras palabras y enseguida nos encontramos con que ha de olvidarse de los pañales. Surgen entonces algunas preguntas: ¿Qué edad es la más adecuada para empezar? ¿Cuál es la mejor manera de hacerlo?

Existen muchas opiniones diferentes, y en estas páginas queremos ayudar y transmitir nuestra experiencia mediante el método personalizado que hemos creado en estos años de práctica profesional en consulta, colaborando con pediatras y guarderías.

Decir adiós al pañal es un proceso de aprendizaje; hay que enseñar al niño cómo hacerlo y ponerlo en práctica en la edad adecuada. Si no lo hacemos así, favorecemos la adquisición de hábitos incorrectos que luego pueden ocasionar problemas.

El nuestro es un método revolucionario con una eficacia demostrada, tanto en niños con problemas de hábitos incorrectos como con niños que después de un tiempo vuelven a mojar la cama, aunque hayan aprendido correctamente a controlar sus esfínteres.

Aunque el procedimiento a seguir en ambos casos sea diferente, dada la naturaleza específica de las causas que originan que al niño se le escape el pipí, los resultados son igualmente exitosos.

Debemos recordar que este problema afecta a un 20 por ciento de los niños y que si no se interviene a tiempo, suele persistir hasta la adolescencia, con las dificultades que eso acarrea, tanto a los padres como a los pequeños. En España hay alrededor de siete millones de familias que conviven con este problema.

Requisitos biológicos previos al aprendizaje del control de esfínteres

Nuestro objetivo en este apartado es el de esclarecer los pasos que se han de seguir para que el niño o niña controle el paso del pipí, tanto cuando tiene una urgencia como cuando no la tiene, ya sea de día o de noche.

Este mecanismo de control, que parece automático y fisiológico, como podría ser la digestión, se ha de aprender, por lo que es necesario planificar el proceso de aprendizaje para que se lleve a cabo de la mejor manera posible.

La maduración del sistema urinario no es matemática y depende de la evolución individual de cada niño, si han sido prematuros, si han nacido en verano o en invierno, si se trata de un niño o de una niña...

Por otra parte, la principal función de la orina es la de transportar residuos de los distintos procesos vitales internos. Se origina en el riñón, de donde desciende por el uréter hasta la vejiga. Una vez allí se va almacenando hasta que llega el momento de eliminar la orina a través de la uretra.

Una persona adulta elimina en veinticuatro horas de un litro a litro y medio, de los cuales dos tercios se eliminan durante el día y el resto por la noche.

Hay que destacar que, a pesar de su tamaño, los niños eliminan, proporcionalmente, entre tres y cuatro veces más orina que los adultos.

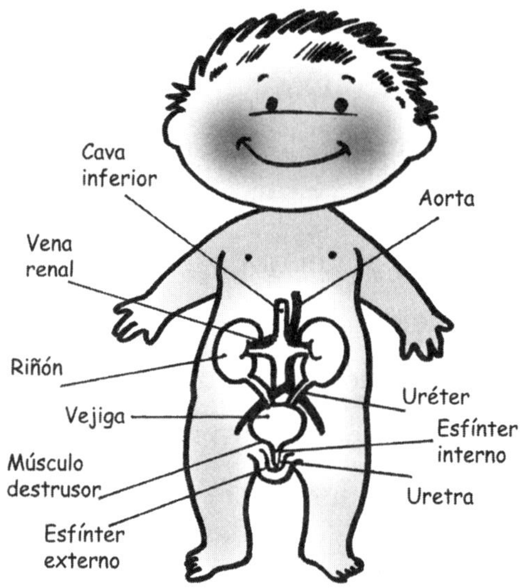

Factores que influyen en la eliminación de la orina

- La cantidad total de líquido ingerido.
- La cantidad total de líquido eliminado por otras vías, como el sudor, intestinos... Una mayor formación de urea aumenta la cantidad de orina. Por el contrario, el ayuno la hace disminuir.
- La temperatura ambiente. Cuando es alta se produce un incremento de sudoración y por consiguiente el volumen de orina disminuye. Con el frío se produce el efecto contrario y aumentan las ganas de hacer pipí.
- La posición del cuerpo. Cuando estamos acostados la cantidad de orina acumulada es mayor.
- El ejercicio físico, que ayuda a eliminar el exceso de aporte hídrico por vía de la sudoración.
- La acción de diversas hormonas, como la HAD (hormona antidiurética) y la HD (hormona diurética) imprescindibles para el buen funcionamiento del organismo.
- La acción de ciertas sustancias. La cafeína, la teína y otros componentes químicos que suelen formar parte de los refrescos más consumidos producen

una mayor producción de orina que no es proporcional a la cantidad de líquido ingerido. Con esto queremos decir que la cantidad de pipí que genera una taza de té o un vaso de refresco de cola es mucho mayor que la producida por un vaso de agua de igual tamaño.

El hacer pipí es un reflejo vital en el niño muy pequeño y funciona de manera automática, lo que permite que su cerebro se entretenga en otros asuntos, entre los cuales está su principal ocupación, que es la de crecer y crecer.

Durante el proceso de desarrollo, el niño llega a conseguir un control voluntario parcial de este reflejo de micción (de hacer pipí), ya que, como antes hemos dicho, una vez la cantidad de orina sobrepasa el límite establecido, éste funciona de manera automática.

¿Cómo se aprende el mecanismo del control del pipí?

El proceso de aprendizaje de control sobre este reflejo natural implica que el niño asimile una gran cantidad de cosas.

- Ha de aprender a distinguir las sensaciones producidas dentro de su cuerpo cuando tiene ganas de hacer pipí e identificarlas.
- El pequeño tiene que aprender progresivamente a calcular el tiempo que tardará en tener ganas de ir al lavabo.
- Ha de aprender a frenar y retener el flujo de pipí voluntariamente.
- Ha de ser capaz de aprender a hacer pipí, aun cuando no tenga ganas y los reflejos naturales no se activen de forma automática. Ha de hacerlo de forma voluntaria, ejercitando los músculos abdominales y los esfínteres externos.
- Ha de aprender a frenar las contracciones del músculo detrusor o esfínter producidas por una mayor presión del pipí almacenado.

- Ha de ser capaz de transferir todos estos mecanismos del estado de vigilia al estado de sueño.

Para que todo esto se pueda llevar a cabo de manera coordinada y eficaz se necesita la cooperación de muchas partes implicadas del sistema nervioso. Conexiones nerviosas, médula espinal y cerebro han de actuar de manera conjunta.

Eso quiere decir que no es tarea fácil llegar a controlar la capacidad de hacer pipí a voluntad. Lo cual nos permite comprender por qué hay tantos niños que tienen dificultades para aprenderlo rápidamente. Un buen método de aprendizaje y aplicarlo a la edad adecuada son las claves del éxito.

Procesos que intervienen en el aprendizaje del control de esfínteres

- Maduración y desarrollo adecuados de los diversos componentes del aparato genito-urinario. Es importante tener presente que si el niño es prematuro su maduración irá más lenta.
- Evolución neurológica del sistema de aprendizaje.
- Proceso de entrenamiento, adecuadamente supervisado, para ayudar al niño a discriminar y distinguir las señales indicadoras, tanto internas como externas, que señalan que son el momento y el lugar adecuados.
- Motivación positiva, necesaria para animar al niño a querer utilizar de manera socialmente aceptada los mecanismos fisiológicos previamente aprendidos. Si es el primogénito, le será más difícil el aprendizaje. En cambio, los niños que tienen hermanos aprenden por imitación de manera más rápida.

Cómo dejar el pañal de día

El momento idóneo para retirar el pañal se sitúa alrededor de los dos años de edad, siempre en función, por otra parte, de la evolución y maduración neurológica de cada pequeño.

Para conseguir la retirada del pañal con éxito hay que haber empezado el entrenamiento por lo menos seis meses antes. El niño ha de estar familiarizado con los orinales, el váter y haber sentido el pipí en la piel.

Neurológicamente, los niños suelen estar preparados para aprender a controlar el pipí cuando dominan la función de deambular, es decir, cuando empiezan a andar con cierta soltura. Preguntad a vuestras abuelas...

En esas épocas no existían los pañales desechables y se utilizaban gasas que se habían de lavar. Así que cuando los niños cumplían los dieciocho meses aproximadamente, algunos incluso antes, aprendían, gracias al esfuerzo y constancia de las madres, a no necesitar pañales ni de día ni de noche. Os preguntaréis entonces: «Y ahora ¿por qué se ha retrasado tanto?» Las causas son varias:

— No se les enseña un poco antes. No se les prepara.
— Los pañales actuales son muy cómodos (para todos).
— Nos asusta que el niño no lo consiga.
— El pequeño no nota cuándo le sale el pipí, ni se siente mojado, dada la capacidad de absorbencia de los pañales modernos, lo que retrasa el proceso de identificación.

Es muy importante que alrededor del año de vida el niño no incorpore en su esquema corporal el pañal como algo que forma parte de su propio cuerpo. Hay niños que nacen y viven literalmente pegados a los pañales.

Es bueno que vayan sin pañales en determinados momentos, por ejemplo en la playa o cuando vamos de excursión al campo. Es bueno que se mojen alguna vez, sin llevar pañal.

Hay que señalar, por otra parte, que las niñas suelen ser más rápidas que los niños debido a que el aparato urinario masculino es más complicado. Por lo tanto ellos suelen tardar un poquito más y se necesita más paciencia.

Preparativos

Lo más importante de esta parte del proceso de retirada del pañal es averiguar si es el momento oportuno, si el pequeño está preparado para enfrentarse con el reto de decir adiós a los pañales.

Como hemos comentado en el capítulo anterior, el niño suele estar preparado neurológicamente alrededor de los dieciocho-veinticuatro meses, aunque las niñas suelen ser más precoces; sin embargo, todo depende del aprendizaje.

A continuación damos respuesta a las preguntas que con mayor frecuencia se hacen los padres respecto al momento y circunstancias que rodean la retirada del pañal.

¿La edad y la época del año son determinantes a la hora de retirar el pañal?

Es más importante la edad que si se coincide o no con el buen tiempo. La costumbre de aprovechar el buen tiempo para quitarle el pañal al niño está muy extendida, pero no tiene fundamento. Es como si no dejáramos andar al niño hasta que llegara el verano.

Los pañales hay que quitarlos a la edad que corresponde, siempre que no haya contraindicaciones de orden fisiológico, ya que si no, se crean hábitos incorrectos que se automatizan y que fomentan problemas mayores que el simple hecho de que de vez en cuando se haga pis encima.

Y, si va a nacer un hermanito, ¿es mejor retrasar el momento de quitarle el pañal?

El hecho de que el niño vaya a tener un hermanito no implica que tenga que aplazar sus aprendizajes. En todo caso podríamos adelantarlo para que no coincidiera y evitarnos así el cúmulo de responsabilidades.

¿Y si coincide con la retirada del chupete?

El momento ideal para retirar el chupete que el niño lleva por la noche es cuando ya ha superado todos los aprendizajes que debe realizar para iniciar su autonomía personal. Es decir, cuando ya duerme de un tirón, controla los esfínteres y duerme en su cama y en su habitación.

¿Cómo elegimos el orinal?

En esta opción podemos incluir los gustos del niño, ya que existen una gran cantidad de modelos en el mercado. A mí me gusta especialmente el modelo con música, ya que incentiva el aprendizaje positivo.

¿Cómo ha de ser nuestra actitud como padres?

En nuestro método, la retirada del pañal se hace en diez días, durante los cuales se recomienda no variar la rutina del niño y el entorno donde se desenvuelve. Tenemos que evitar imprevistos e improvisaciones, dentro de lo posible. Y si no se pudieran evitar, hemos de intentar anticiparlas para no interferir en su proceso de aprendizaje del control del pipí.

La actitud de los padres ha de ser de comprensión y paciencia en un periodo en el que el niño depende de su maduración y motivación. Es muy importante que este aprendizaje sea un juego para el niño, exento de presión.

Método para dejar los pañales diurnos en diez días

Como hemos dicho, durante los seis meses anteriores a la retirada del pañal hay que empezar a acostumbrar al niño al orinal o al adaptador del váter. Cada día, antes de bañarlo, podemos sentarlo cinco minutos, con algo que le distraiga. Si por casualidad hace pipí, ¡fantástico!, hacéis una fiesta, y si no, no pasa nada.

El objetivo de este primer paso es que se vaya acostumbrando al orinal o al váter y tenga una rutina. Cuando el niño ya empiece a identificar y a avisar de que tiene pipí, aunque a menudo no llegue a tiempo, será el momento de ponerse manos a la obra. Para ello, hay que tener en cuenta lo siguiente:

— Es recomendable empezar un sábado, para contar con dos días antes de llevarlo a la guardería sin pañal.
— Se ha de avisar al niño y recordarle que nos llame cuando tenga necesidad. Tenemos que enseñarle que de ahora en adelante sólo va a usar el pañal para ir a dormir la siesta y de noche.
— Hemos de vigilarlo y, aproximadamente cada hora y media, llevarlo a hacer pipí. Y os damos un consejo práctico: Es mejor evitar preguntarle si tiene pis, porque seguro que os dirá que no. Nuestra consigna ha de ser «Ahora *toca* hacer pipí».
— Hay que tener presente que los padres he-

mos de ayudarlo y prevenir situaciones de «peligro», teniendo en cuenta que lo normal es que haga entre ocho y diez pipís al día (cuatro o cinco por la mañana y cuatro o cinco por la tarde).

— Si se le escapa el pipí porque está despistado jugando, no se lo tendremos en cuenta; pero si consigue aguantarse hasta llegar al lavabo, hay que felicitarlo.

— A partir del primer día en que haga pipí en el váter o en el orinal, empezaremos el Juego del Gusanito —que os adjuntamos al final del libro—. Cada vez que consiga hacer pipí en el lugar asignado, pintará una casilla para visualizar así sus progresos. Si se lo hace encima, no le daremos importancia y no se lo tendremos en cuenta, pero no tocará pintar la casilla.

— Cuando el niño o la niña inicia este aprendizaje, como hemos dicho, preferentemente en sábado, los padres comenzaremos a llevar un diario de sus avances, como el que os mostramos a continuación.

Sus progresos

— Fecha:
— Número de pipís diarios:
— Intervalo entre cada uno:
— Cantidad de líquido ingerido:
— Número de escapes:
— Actividades extraescolares (danza, fútbol, natación...):

— Para reforzar el aprendizaje, es importante ir al lavabo con nuestro hijo. Si es niña, irá con mamá; si es niño, con papá. La base del aprendizaje es la imitación.
— A estas alturas, el niño ya debería controlar el pipí en un 75 por ciento de la situaciones. Si no es así, deberemos controlarle la dieta y vigilar que no sea demasiado diurética y que su ingesta de líquidos corresponda como máximo a 1,5 litros.
— También es importante conocer los antecedentes familiares sobre este aprendizaje, ya que muchos de los prerrequisi-

tos neurológicos y madurativos se heredan.

A continuación os ofrecemos dos protocolos que os ayudarán en el seguimiento y desarrollo del aprendizaje del niño.

Días	1	2	3	4	5	6	7	8	9	10
Mañana										
Mediodía										
Tarde										
Noche										

Protocolo horario para la retirada del pañal de día

8 h- Al levantarse, quítale al niño los pañales de la noche y ponlo a hacer pipí en el orinal. Después de desayunar déjalo con ropa cómoda, que no importe que se moje.

9.30 h- Llévalo cantando una canción a hacer pipí al orinal o adaptador del váter.

11 h- Antes de salir a dar un paseo o al parque ponlo otra vez a hacer pipí en su orinal y déjalo sin pañal.

12.30 h- Al volver a casa, vais directos al orinal.

13 h- Comida.

14 h- Pipí en el orinal, pero le pones los pañales para la siesta.

15.30h- Al despertarse, le quitas el pañal y que haga pipí en el orinal.

16 h- Merienda y juegos en casa sin pañal y con ropa cómoda.

17.30 h- Otro pipí en el orinal y salís a dar un paseo sin que lleve pañal.

19 h- Vuelta a casa y directos al orinal.

19.30 h- Cena.

20 h- Un pipí antes de acostarse y le pones el pañal para dormir.

Total = 9 pipís diarios

Tras estos diez días de entrenamiento, el niño sólo tendrá escapes ocasionales, cuando pase más tiempo del debido sin ir al lavabo o beba más líquido de la cuenta.

Es muy importante que el niño lleve ropa cómoda con gomas o que sea fácil de bajar o quitar con rapidez. Muchas veces llegan al lavabo, pero no son capaces de desabrocharse los complicados botones o cremalleras de los pantalones. O tardan mucho y acaban haciéndose el pipí encima.

A partir de este momento podemos esperar que el niño aprenda a decir que tiene pis y a pedir que le acompañemos, pero, aun así, no debemos dejar de estar pendientes y controlar el tiempo entre cada pipí.

Por otro lado, a esta edad, alrededor de los veinticuatro meses, los niños suelen ir de vientre una vez al día o a veces dos. Es importante no dejar pasar nunca más de dos días sin que hagan de vientre.

Lo ideal es que se acostumbren a hacerlo siempre de forma regular, antes de salir de casa o bien al regresar. Mientras están en proceso de aprendizaje es mejor que lo hagan por la mañana para evitar imprevistos.

Caso práctico. Lucía deja el pañal en diez días

Éste es el caso de Lucía, una niña pizpireta que acaba de cumplir dos años y está empezando a aprender a hacer pipí en el orinal. Su madre ya la había introducido en el uso del orinal.

Habían ido a comprarlo juntas cuando la niña tenía dieciocho meses. Lucía escogió uno que le encantaba: cada vez que caía el pipí sonaba una música. Así que la niña ha pasado seis meses acostumbrándose a la rutina de sentarse en el orinal.

Se sienta en él al levantarse mientras mami prepara la ropa para vestirla, también después de comer y antes de bañarse. Nadie le dice nada; Lucía simplemente se ha ido familiarizándose con el orinal, se sienta en él, juega o mira cuentos un rato.

Con este hábito se ha conseguido que la niña incorpore el orinal a su rutina familiar y se acostumbre a ir sin pañal a ratitos, para que no crea que éste forma parte de su cuerpo. Si, además, de forma ocasional hace pipí, tiene el incentivo de la música y las «fiestas» que le hace su familia.

Hay niños, no obstante, que están tan acostumbrados a ir pegados al pañal que cuando se lo quitan se sienten extraños y lo llevan muy mal.

Lucía, por el contrario, ya está preparada para iniciarse en nuestro método y prescindir del pañal en diez días. La niña ya ha empezado a identificar que tiene pipí y avisa a sus padres, aunque a menudo no llegue a tiempo. Es el momento de emprender las diez etapas.

1. Empezaremos un sábado, para tener dos días antes de llevarla a la guardería sin pañal.
2. Avisaremos a Lucía de que nos llame cuando tenga necesidad de hacer pipí. Le enseñaremos que, de ahora en adelante, sólo va a usar el pañal para ir a dormir la siesta y por la noche.
3. La vigilaremos y, aproximadamente cada hora y media, la acompañaremos a hacer pipí. Y un consejo práctico: evitaremos preguntarle si tiene pis, porque seguro que dirá que no. La consigna es: «Ahora toca hacer pipí».
4. Como padres hemos de ayudarla y prevenir situaciones de «peligro», teniendo en cuenta que lo normal es que haga entre ocho o diez pipís al día (cuatro o cinco por la mañana y cuatro o cinco por la tarde).
5. Si se le escapa el pis porque está despistada jugando, no pasa nada, pero si consigue aguantarse hasta llegar al lavabo hay que felicitarla.
6. A partir del sexto día empezamos el Juego

del Gusanito. Cada vez que consiga hacer pipí en el orinal pintará una casilla para visualizar sus progresos. Recordad: si se lo hace encima, no se lo tendremos en cuenta.

7. A partir de este momento, los padres llevaremos un diario personalizado de sus avances. Por otra parte, para reforzar el aprendizaje, es importante ir al lavabo con ella. En este caso, como se trata de una niña, la acompañará mamá. Si fuese un niño, lo haría papá. ¡La base del aprendizaje es la imitación!
8. A estas alturas, Lucía debería estar controlando el pis en un 75 por ciento de la ocasiones. Si no es así, tendremos que controlar su dieta y vigilar que no sea demasiado diurética y que su ingesta de líquidos corresponda a 1,5 litros al día.
9. También es importante comprobar los antecedentes familiares de este aprendizaje, ya que existen muchos prerrequisitos neurológicos y madurativos que se heredan.
10. Lucía puede jugar y visualizar sus avances pintando el gusano.

Cómo dejar el pañal de noche

Una vez nuestro hijo o hija (entre sus veinticuatro y treinta meses) ha dejado el pañal de día, el intervalo para comenzar a quitarle el pañal de noche ha de ser como máximo de quince días a un mes. Es decir que desde que le quitamos el pañal de día hasta que empezamos a retirárselo por la noche no debe pasar más de un mes ni menos de quince días.

La edad recomendada para empezar con la retirada del pañal nocturno —como la del diurno— es siempre dentro del intervalo de edad de los veinticuatro-treinta meses. Existen también ciertas señales que nos van a demostrar que nuestro pequeño ya está preparado:

— Se quita los pañales porque le molestan, le dan calor o dice que ya es mayor.
— Se viste y se desviste sin ayuda.
— Juega y habla del lavabo con naturalidad.
— Necesita imitar a su padre, madre o hermano/a mayor.
— Tiene conciencia de que todos utilizan el lavabo.

Preparativos

Es importante respetar los pasos naturales que da el niño y no adelantarnos a su propio proceso, pero tampoco ir por detrás de éste. Si no hemos observado ninguna de las señales previas de las que hablamos arriba, es mejor que nos lo tomemos con calma y esperemos a que se produzcan. El interés del niño por crecer y hacerse mayor es nuestra mejor baza.

En este momento es bueno recurrir a pañales incómodos, dos tallas menos que la suya, para motivar que sea él mismo quien ya no los quiera llevar.

Cuando el niño muestre interés por dormir sin pañales significa que ha llegado el momento de proponérnoslo en serio. Otra señal básica es que deje de hacerse pipí y los pañales aparezcan secos cada noche.

Si moja los pañales por la noche, no debemos alarmarnos. A veces, si no le dejamos sin pañal por la noche, el niño interpreta que tiene licencia para hacerse pis durante la noche sin preocuparse y, hasta que no se le enseña, no empieza a controlarse.

Es posible también que, ante un nuevo reto o exigencia, el niño dé un paso atrás, realice una regresión. A veces hacerse mayor da miedo, y los niños corren a refugiarse en la protección de los brazos de los padres.

Suele producirse una regresión cuando, durante este aprendizaje de retirada del pañal, nace un hermanito o se producen otros cambios muy importantes en su vida. Pasan entonces una temporada un poco inseguros.

Se trata de un reajuste necesario, una pausa para coger aliento y seguir adelante. Un poco más de tiempo, paciencia y cariño le ayudarán a seguir su camino hacia la autonomía.

Método para dejar los pañales de noche en quince días

Para empezar a decir adiós al pañal nocturno es imprescindible dejar atrás también el pañal de la siesta. Este paso es más sencillo, puesto que sólo se requiere que aguante una hora u hora y media.

Una vez superado este paso, hay que reajustar las expectativas del niño, y también las nuestras, ya que cualquier proceso de aprendizaje no es mágico ni inmediato. Hemos de tener en cuenta, pues, que va a mojar la cama alguna que otra vez antes de conseguir pasar toda la noche seco.

También es crucial nuestra preocupación por el tema. Si el niño detecta que sentimos angustia, su traducción de nuestra actitud es «No confío en que puedas conseguirlo», y seguramente el proceso será infructuoso.

Así que hemos de confiar en él. Es más fácil de lo que parece, sobre todo si no hay antecedentes en la familia de problemas en este tema. Si los ha habido, podemos preverlos, porque posiblemente nuestro hijo también pasará por ellos. Si papá no lo consiguió hasta los doce años, puede ser que nuestro hijo pase por la misma situación, pero si no, no tiene por qué haber problemas.

En cualquier caso, una vez eliminada la posibilidad de antecedentes que puedan sugerir problemas de adaptación, empezaremos con nuestro método y tendremos en cuenta lo siguiente:

— Vigilaremos su dieta a la hora de cenar. El niño o niña no debe tomar alimentos salados que den sed, como pizzas, fritos, etcétera, ni que sean demasiado diuréticos, como sopas, tomates, frutas cítricas...
— Reduciremos su ingesta de líquidos a partir de las siete de la tarde. No le prohibiremos que beba; simplemente no le ofreceremos bebidas después de esa hora.
— Antes de ir a dormir, evitaremos que beba agua o leche. Si está acostumbrado a tomarse su leche antes de irse a la cama, cambiare-

mos un poco ese hábito —sólo mientras dura el aprendizaje— y se la ofreceremos antes de cenar.

— Controlaremos el número de pipís que hace durante el día. Han de ser entre ocho y diez diarios.
— Los primeros días es recomendable levantar al niño cuando los padres nos vamos a dormir y ponerlo a hacer un último pipí para que pueda aguantar seco las ocho horas aproximadamente que le quedan de sueño.
— Como medida de precaución se recomienda utilizar una funda de plástico para proteger el colchón. También dejaremos una luz piloto encendida toda la noche, por si se despierta con ganas de hacer pipí; así evitaremos que tenga miedo a la oscuridad.

Por otra parte, hemos de darle al niño una serie de instrucciones, que os ofrecemos a continuación. Los papás también podréis seguir las recomendaciones que os damos. Al niño o la niña le diremos frases-consignas del tipo:

— «Como eres muy mayor y ya no te haces pipí en la siesta, vamos a quitarte también este pañal tan incómodo por la noche y probaremos a que lo hagas como nosotros.»
— «Siempre que tengas pipí, nos puedes llamar y vendremos a ayudarte.»
— «Te dejamos aquí una linterna especial y un orinal por si tienes pis y quieres hacerlo tú solito.» Por nuestra parte, podemos pintar el orinal con nuestro hijo o hija con colores luminiscentes, para que se vea de noche. Se lo dejamos en su habitación para que al despertarse no tenga que recorrer la casa en busca del lavabo.
— Le pondremos un pijama práctico, que se pueda poner y quitar sin problemas.
— Nombraremos al niño «capitán (o capitana) del pipí». Le diremos «Ahora tú mandas y el pipí obedece. Vamos a ver cuánto tarda en hacerte caso. Si eres buen capitán/a lo aprenderá pronto». De esta manera conseguimos que la culpabilidad de los «accidentes mojados» no recaiga sobre el niño, sino

> sobre el pipí, que es tonto y no ha aprendido bien. Orientamos así la situación como si fuera un juego, exento de presión psicológica. El interés de nuestro pequeño/a por conseguirlo será una de nuestras mejores bazas.

Para seguir sus progresos podemos utilizar de nuevo el Juego del Gusanito de colores que os adjuntamos, y anotaremos también en los protocolos adjuntos las variables diarias.

Protocolo nocturno

- Fecha:

- Número de pipís diarios:
- Cantidad de líquidos ingeridos:
- Dieta a la hora de cenar:
- Hora de la cena:
- Actividades:
- Hora de ir a dormir:
- Diagnóstico. Número de veces que ha tenido escapes a lo largo de la noche y la cantidad aproximada (mucha o poca):
- Anotaciones personales:

Dieta antidiurética

Antes de empezar a hablar de la dieta habéis de conocer una norma fundamental: Nunca, nunca se le ha de prohibir al niño o la niña ningún alimento, ni tampoco que beba cuando quiera. Sólo conseguiríais el efecto contrario, que aumenten sus ganas de beber y que lo haga a escondidas.

Para ayudar al niño a que no tenga muchas ganas de hacer pipí durante la noche, hemos de ofrecerle líquido en abundancia durante el día para que por la noche no necesite beber. Si antes de las siete de la tarde el niño ha bebido un litro y medio, ya no necesitará más que el agua necesaria para cenar.

Se le ha de ofrecer la bebida sin forzar ni obligarlo, evitando presionarlo. Hay que hacer buenos zumos de frutas, llevar siempre botellas de agua, etcétera.

Alimentos que hay que evitar en la cena mientras el niño deja el pañal nocturno

- Sopas y cremas de verduras
- Tomates y ensaladas
- Naranjas, mandarinas, peras, sandía, melón
- Croquetas y rebozados
- Pizzas
- Bocadillos con embutido o frankfurts
- Bebidas gaseosas o con colorantes y conservantes

Caso práctico. A Adrián le cuesta dejar el pañal de noche

Adrián, a sus casi tres años, trae locos a sus padres con sus trasiegos nocturnos, los avisa cada cinco minutos de que tiene pis, y luego no hace. Ellos, por si acaso, acaban poniéndole el pañal por la noche y durante la siesta.

Sin embargo, a pesar de que lleva el pañal nocturno, los padres se levantan cada noche a las dos para poner al niño a hacer pipí. Pero Adrián ya se lo ha hecho encima, lleva el pañal empapado, lo que desanima a sus padres.

Lali, la madre, sufre; cree que el niño no está preparado y ella no ve el momento de dar el paso. De manera que en lugar de decidir quitarle el pañal, los padres lo van posponiendo.

Adrián, por su parte, no entiende qué está pasando; él continúa haciendo lo mismo de siempre: cuando lleva pañal lo utiliza y cuando no, porque es de día, utiliza el orinal.

Ya hace casi seis meses que Adrián no lleva el pañal de día, y los padres, al ir retrasando el momento de quitárselo también por la noche, no están dejando que el niño aprenda el hábito correcto.

El niño tiene asociado que cuando lleva pañal se puede hacer pis encima, así que lo que lo que sus padres están esperando —que el pañal aparezca seco—, es difícil que ocurra, porque no se lo enseñan.

Para que Adrián aprenda, es necesario dejarlo sin pañal primero en la siesta y luego durante la noche. Por otro lado, mientras dura el proceso de aprendizaje, hay que tener en cuenta que se le va a escapar alguna noche y que va a mojar las sábanas. Sin embargo, si el niño no tiene antecedentes hereditarios, sólo tiene un 30 por ciento de posibilidades de tener algún problema con el control de sus esfínteres.

Hay que recordar también que cuanto más tiempo pasa entre la retirada de ambos pañales, los de día y los de noche, más difícil es el aprendizaje, porque el niño, en este caso Adrián, ha ido interiorizando lo contrario de lo que queremos.

Así que ¡manos a la obra! Hay que empezar por la siesta, avisándole de que ya no le pondremos el pañal. Podemos decirle que no se lo ponemos porque ya no quedan de su talla. Es un truco que funciona muy bien. También se le puede poner, un par de días antes de quitárselo, un pañal dos tallas más pequeño para que él mismo no quiera llevarlo porque le molesta.

Aun así, seguramente a Adrián le costará un poquito más esta retirada del pañal nocturno, porque ha de desaprender lo aprendido; sin embargo, en unos quince días la enuresis habría de estar solucionada. En caso contrario, hay que acudir a un especialista para comprobar si existe alguna otra variable que está influyendo negativamente.

La motivación del niño es un factor relevante en el éxito del control del pipí. Lo que le ha sucedido a Adrián es que cuando conseguimos que su madre dejara de preocuparse en exceso y entendiese la situación, dándose cuenta de que ella no tenía culpa de nada, todo empezó a funcionar mejor.

Para lograrlo, le propusimos a Pablo, el padre, que organizase un fin de semana romántico y que dejaran a Adrián en casa de los abuelos, para parar de obsesionarse con el tema de los pañales.

El efecto fue inmediato. Al cambiar de perspectiva y enfrentarse a la situación más relajadamente, todo cambió. Adrián respondió muy bien y pronto dejó de hacerse pipí en la siesta (ya no le ponían pañal). Después le retiraron el de la noche y nunca más se supo de escapes nocturnos.

Surgen problemas. Cómo saber si el niño necesita ayuda

Es muy importante que os pongáis en la piel del pequeño para comprenderlo y poder ayudarlo si percibís alguna reacción en contra de la retirada del pañal. Hay que «estar por él» para adelantarse a las pequeñas señales que nos dicen que algo anda mal.

Si observáis alguna de las siguientes situaciones, o una confluencia de varias a la vez, cabe la posibilidad de que vuestro hijo os esté pidiendo ayuda de manera inconsciente:

- Cuando le has empezado a quitar el pañal, el niño o niña parece especialmente inseguro/a o teme mojar la cama.

- Tiene un sueño muy profundo, con falta de tono muscular acusado, que le dificulta despertarse a media noche para hacer pipí.
- Le cuesta despertarse por las mañanas y tarda un rato en estar a pleno rendimiento.
- Se despierta llorando, con la cama mojada, porque ha tenido pesadillas.
- Tiene problemas en el colegio por falta de atención.
- Salir de excursión, de campamentos o ir a casa de un amigo a pasar la noche le supone un terrible conflicto.
- Puede tener problemas con el control de esfínteres si algún miembro de la familia pasó por la misma situación: abuelos, padres, tíos, etcétera. Hay que tenerlo en cuenta.
- Ya tiene seis o siete años y todavía no controla totalmente sus esfínteres, aunque algunos días, sin que se sepa por qué, no moja la cama. A esas edades ya han de ser capaces de controlar la emisión de orina de manera voluntaria. Si todavía no lo ha logrado

solo de manera natural, quiere decir que necesita ayuda externa.

- El niño también necesita ayuda si vemos que después de conseguir el hábito de controlar los esfínteres entre los dos y los tres años, y después de una época tranquila, de repente tiene un retroceso y nos encontramos con que, sin motivo aparente, ya no sabe contenerse y se le escapa el pipí de noche o de día.

Como hemos señalado antes, es importante saber ver las señales de alerta que los pequeños emiten y así ponernos en su piel para comprenderlos y ayudarlos, evitando así mayores complicaciones.

Sin embargo, este recomendable ejercicio nos resulta a menudo difícil de realizar inmersos como estamos en el estrés diario. Nos encontramos entonces con situaciones que rompen de repente nuestra cotidianeidad.

Puede suceder que, al llegar a casa después de una larga jornada laboral, nos encontremos con el conflicto de que el niño no quiere ir de colonias el mes de julio. Tiene miedo de que sus compañeros se rían de él si descubren que todavía se le escapa el pipí.

Nuestro cerebro, de forma automática, se plantea la siguiente situación: «Pero si no va de colonias, ¿qué hacemos con el niño el mes de julio? Nosotros trabajamos...»

Así sucede que, mientras el niño está pasando por una crisis de angustia, los padres nos estamos preocupando por dónde lo «colocaremos» para que no interfiera en nuestra jornada laboral.

Para entender lo que le pasa, hay que observarlo, tener paciencia, pensar que, sea lo que sea lo que le pase, no lo hace a propósito ni para fastidiarnos y que necesita ayuda para solucionar su problema.

> Para que el niño se sienta arropado y comprendido en su incertidumbre hemos de tener claro que son más importantes los hechos que las palabras, y que la comunicación entre padres e hijos camina de la mano de las experiencias compartidas, de los abrazos, los gestos que refuerzan nuestro vínculo afectivo.

No pretendamos que comprendan nuestras buenas intenciones largándoles un discurso; los niños todavía son pequeños y su sistema de comunicación verbal todavía está poco desarrollado. Hemos de tener muy claro, además, que estamos ante un incipiente problema del cual el niño NO TIENE CULPA.

¿Cómo debemos reaccionar los padres?

La reacción de los padres debe ser atenta, observadora. Los padres somos clave en el éxito del aprendizaje infantil. Por otro lado, la respuesta de los padres cuando nos damos cuenta de que el período de aprendizaje se está alargando más de la cuenta y el niño no consigue superar esta etapa, suele ser de alarma y sorpresa.

Ante esta situación no deseada y de alarma, lo más importante es que NO se lo trasmitamos al niño. Deberíamos ser cariñosos y comprensivos e intentar comunicarle que ha sido algo pasajero y que *nosotros* damos por sentado que no se va a volver a repetir.

Cuando subrayo la palabra *nosotros* lo hago

con toda la intención, ya que considero muy relevante que tanto el padre como la madre actúen de la misma manera en una situación de este tipo. Por lo tanto, al detectar el problema hay que hablarlo entre la pareja e intentar adoptar la misma postura los dos.

El acuerdo entre los padres es muy beneficioso para los hijos, ya que les ayuda a sentirse seguros.

Imaginemos el conflicto que se le crea al niño si, ante la misma situación, un miembro de la pareja monta un drama y el otro no le da la más mínima importancia. De repente, el niño no sabe a quién hacer caso, a quién tomar como referencia, y aprende a «manipular» emocionalmente esta clase de situaciones. Por eso los padres han de ser un equipo que se apoya y colabora unido en todo lo que se refiere a los hijos.

Sucede también que cuando esta situación se alarga, aunque sea de forma intermitente, surgen dudas, no sabemos si es normal que este proceso se alargue años y tampoco tenemos claro qué implica.

Habéis de saber que esta situación no es relevante a nivel médico, puesto que no se considera una enfermedad, sino una alteración madurativa. Sin embargo, sí puede tener consecuencias negativas a nivel psicológico.

No tener autocontrol sobre los esfínteres produce incomprensión y conflicto, y también cierto retraimiento y falta de autoestima. Los niños se sienten raros, incómodos, diferentes... Muchas veces la situación interfiere en su vida social y, por supuesto, en la vida cotidiana.

Veamos a continuación los problemas y situaciones incómodas más habituales derivados de esta falta de autocontrol para comprender y apoyar a nuestro hijo o hija:

— Aparece en nuestra cama cada dos por tres mojado hasta arriba del pijama.
— No nos deja dormir ni él tampoco duerme.
— Hay que poner un montón de excusas cuando lo invitan a casa de un amigo a pasar la noche.
— No hay manera de que se vaya de campamentos ni de colonias porque siente vergüenza.

Ante todo, nuestra actitud como padres ha de ser de apoyo incondicional, reconociendo la situación pero evitando culpabilizarlo. Hay que demostrarle que a partir de ahora puede contar con vosotros para encontrar juntos una solución.

Hemos de tener en cuenta que un niño entre los tres y los diez años es aún un niño pequeño aunque no lo parezca, no tiene experiencia y se apoya en la seguridad que nosotros como padres le podemos dar.

Así que la mejor receta es ¡cariño y comprensión a granel! El lenguaje del cariño, la comprensión y la dedicación es lo mejor que podemos ofrecerle.

> Vuestra actitud como padres es una de las claves del éxito; sois sus mejores aliados. Si vosotros os rendís o tiráis la toalla, ellos también lo harán. Si creéis en ellos, ellos empezarán a creer en sí mismos.

Normalmente los niños pequeños entienden poco de discursos y razonamientos, aunque nosotros nos empeñemos en lo contrario. Los niños hablan un idioma más sencillo, el del cariño, los abrazos y los gestos, algo que los mayores solemos tener un poco olvidado.

Nuestra sociedad nos hace vivir deprisa, muy deprisa, y no nos queda tiempo para nosotros, y menos para nuestros hijos. Seguramente hoy en día nuestros hijos están mejor alimentados y reciben una mejor educación escolar; sin embargo, es posible que hablemos menos con ellos o les dediquemos menos tiempo.

La dedicación es una de las mejores medidas del cariño. Cuando algo nos gusta o es importante para nosotros, siempre encontramos tiempo para ello. Así que cuando tropecemos con un problema que afecta a nuestro hijo, lo mejor es reservar un hueco en nuestra apretada agenda para compartir con él, y ESCUCHARLE.

De este modo conseguiremos que el niño sienta que es importante para nosotros. El mensaje que le trasmitimos es que confiamos en él, ya que le dedicamos tiempo y esfuerzo.

Ésta es la mejor medicina que podemos ofrecerle para elevar su autoestima y aumentar su seguridad ante una situación conflictiva que ya le predispone a que la solucione con éxito.

Caso práctico. Nacho sigue haciéndose pipí y sus padres han perdido la esperanza

Nacho tiene ya seis años y no consigue dejar de hacerse pipí encima. Todavía no es demasiado consciente, pero le da vergüenza y no quiere que su madre lo cuente.

Sus padres mantienen una actitud de incomprensión, no saben por qué le pasa eso a su hijo, pero son conscientes de que no deben reñirle. Así que, cada mañana, la desilusión contenida hace que Marta, su madre, diga: «Bueno, otro día lo conseguirás... No te preocupes.» Nacho protesta y replica: «Pero ¡si sólo son unas gotitas...! ¡Estoy seco!» A lo que ella contesta: «El pipí está seco, ¿es que no lo hueles? ¡A la ducha corriendo!»

El pobre Nacho no entiende nada; no lo hace voluntariamente, pero sus padres están cansados del tema, se agobian y dudan de todo; han perdido la confianza. Su actitud no es la más adecuada, aunque sí la más común, y no ayuda nada a que el pequeño Nacho se ponga las pilas. Lo que consiguen el desánimo y la desconfianza de los padres es el efecto contrario.

La actitud de los padres en estos casos es importante, porque es la que hace que el tratamiento consiga motivar o no al niño y le infunda perseverancia. Si el niño recibe el mensaje de que los padres confían en él y no tiran la toalla, el niño llegará al final de su aprendizaje con éxito.

¿Por qué no funciona el sistema de control de esfínteres de nuestro hijo?

El desarrollo general del niño es un factor fundamental en la adquisición de este conjunto de habilidades que representa el control de esfínteres. Puede suceder que exista un desarrollo deficitario de los centros implicados tanto fisiológicos como psicológicos.

Suelen ser problemas multifactoriales, orgánicos, funcionales, madurativos y emocionales que interactúan entre sí. Esto, sin embargo, puede resultar muy claro en la teoría pero muy confuso en la práctica personalizada.

Las causas orgánicas deberían ser más fáciles de diagnosticar, pero, aunque su incidencia es menor, su detección tampoco es sencilla. Su disfunción no se manifiesta hasta la edad en la que el niño ya debería establecer el control voluntario de las esfínteres, y el margen médico abarca desde los dos hasta los cinco años.

Mientras que el niño es un bebé se considera normal su incontinencia urinaria, pero hemos de tener en cuenta que es igualmente patológica la excesiva continencia del pipí. Con esto queremos decir que no es normal que un niño haga menos de los ocho o diez pipís que hemos comentado en apartados anteriores.

Siempre, en estos casos, es imprescindible someter a nuestro hijo a la exploración de un experto, de su pediatra o de un nefrólogo. Los padres somos los colaboradores más directos en la prevención, gracias a la observación diaria y directa de cómo se comporta y de lo que le pasa a nuestro hijo. Deberemos consultar con nuestro médico de cabecera cualquier conducta o suceso de nuestro hijo que nos llame la atención.

Ante una situación de descontrol de esfínteres es muy común que los padres se pregunten si su hija o hijo está enfermo. Y no, el niño no está enfermo. Sin embargo hay que averiguar qué le pasa. Seguidamente os mostramos diferentes síndromes que pueden ser la causa de esta alteración.

Causas del descontrol de esfínteres

- Un «accidente» casual puede haber generado un hábito incorrecto.
- Puede que haya habido un desfase entre la retirada del pañal de día y el de noche.
- Enuresis primaria.
- Enuresis secundaria.
- Factores psicológicos, como ansiedad, estrés... que desencadenen una somatización.

Qué es la enuresis infantil

Según el manual de diagnóstico DSM-IV, la enuresis infantil se define como la incontinencia urinaria involuntaria. No es una enfermedad, sino una alteración o disfunción de origen madurativo.

La enuresis infantil es la falta de control de la emisión de orina tanto diurna como nocturna, aparentemente involuntaria, que se mantiene o aparece una vez pasada la edad en que se adquiere la madurez fisiológica, tradicionalmente considerada alrededor de los cinco años.[1] El signo externo más evidente de esta disfunción es que de forma más o menos habitual el niño moja la cama por la noche.

1. J. de Ajuriaguerra, *Manual de Psiquiatría Infantil*, Ed. Masson, Barcelona, 1986.

Este síndrome afecta a un 20 por ciento de la población infantil general, lo que significa que en nuestro país hay una incidencia de 8 millones de niños con este problema. En Estados Unidos estamos hablando de 25 millones de niños afectados.[2]

El reparto de la prevalencia según sexos es el siguiente:

— A los cinco años hay un 16 por ciento de niños y un 4 por ciento de niñas afectados.
— A los diez años se mantienen un 7 por ciento de niños y un 3 por ciento de niñas con esta alteración.
— En la adolescencia, de cada dos chicos hay una chica, con una incidencia del 2,5 por ciento.[3]

Por otra parte, según sea la etiología (las causas de la aparición) de la enuresis, se distinguen

2. Datos extraídos de la National Enuresis Society, Dallas, Estados Unidos, 2008.

3. Datos extraídos de Internacional Enuretic Research Center (IERC), 2007.

dos formas de esta alteración. En ellas se basará el diagnóstico y tratamiento. Son las siguientes:

— **Enuresis primaria:** Es la que tienen los niños que nunca han sido capaces de controlar el pipí por la noche. Desde el mismo momento en el que se les retira el pañal diurno, alrededor de los dos años, estos niños no consiguen dejar de hacerse pipí por las noches. La situación, además, se prolonga más allá de los cinco años, edad límite donde ya se considera una disfunción patológica, en la que hay que intervenir desde la doble perspectiva médica y psicológica.

— **Enuresis secundaria:** Se refiere a la que padecen los niños que han controlado correctamente sus esfínteres a la edad adecuada y que, de repente, tras un período de normalidad absoluta, se les empieza a escapar el pipí por la noche y, ocasionalmente, también de día.

La enuresis infantil, además, se manifiesta de varias formas, de manera que podemos hacer otra clasificación de ella, atendiendo al ritmo o frecuencia con la que aparece.

No obstante, independientemente de su forma de presentación, el diagnóstico médico se ha de basar en las causas y, dependiendo de éstas, se aplicará el tratamiento adecuado.

— **Enuresis cotidiana:** Se trata de una enuresis primaria que sucede con una frecuencia diaria, es decir que los episodios enuréticos ocurren cada día. Suelen ser el 80 por ciento de los casos.

— **Enuresis irregular:** En esta clase de enuresis, la incidencia de episodios se ralentiza a una vez por semana, y la edad de los niños aumenta a los ocho años. Se engloban en esta frecuencia semanal un 14 por ciento de los niños afectados.

— **Enuresis intermitente:** En estos casos se trata tan sólo de episodios enuréticos. Se trata de niños que sólo descontrolan sus esfínteres de vez en cuando. Este tipo de enuresis suele tener algún motivo evidente, como celos, pesadillas, cambios en la vida del niño, nervios, etcétera. El niño entonces se refugia en estadios evolutivos anteriores buscando seguridad. Es, por otra parte, una enuresis transitoria, con grandes intervalos en que el niño se mantiene seco.

— **Enuresis episódica**: No manifiesta una causa justificada, por lo menos de forma aparente. Se presenta de forma ocasional con un promedio de ocho a diez veces al año.

Causas de la enuresis infantil

La enuresis infantil está causada por una confluencia de varios factores —es una disfunción multifactorial— y da lugar a un complejo síndrome, que es difícil de solucionar si no se abarca en su totalidad. Es, por otro lado, un trastorno que afecta a millones de niños en todo el mundo.

Hay casos en los que las causas se dan por separado y otros en los que confluyen todas, pero nunca hay que descartarlas ya que están claramente interrelacionadas. Lo que sí tenemos muy claro es que los niños no se hacen pipí:

— porque sean vagos,
— porque tengan problemas psicológicos,

— porque no se les haya enseñado correctamente,
— porque beban demasiados líquidos antes de acostarse,
— ni siquiera, como algunas veces se piensa, porque quieran fastidiar a los padres.

Desfase del patrón de sueño

Los niños se suelen hacer pipí encima por las noches porque su cerebro duerme tan profundamente que queda desconectado y no responde a las señales fisiológicas, de manera que la vejiga se vacía de modo involuntario.

Ésta es la causa principal de la falta de control del pipí nocturno, el llamado *Deep Sleep Disorder* (DSD) o disfunción del sueño profundo. Sucede en el 90 por ciento de los casos de niños enuréticos y se trata de una alteración en el patrón del sueño.[4]

El DSD fue descubierto en la Unidad del Sueño del Hospital Universitario de Michigan (Esta-

4. Datos extraídos de The Sleep Disorder Research Center, Michigan, Estados Unidos, 2007.

dos Unidos), y es un patrón de sueño alterado que se suele prolongar a lo largo de la infancia y la adolescencia.

Tiene un 80 por ciento de prevalencia hasta los quince años y puede llegar hasta la edad adulta en algunos casos si no se hace nada para solucionarlo o no se toman las medidas pertinentes.

En el siguiente cuadro os mostramos el desarrollo normal del patrón del sueño para un niño sin problemas o alteraciones del sueño y a continuación el de la evolución del sueño en un niño con DSD:

Patrón de sueño normal

Edad	Sueño lento	Sueño REM	Sueño total
3-5 meses	33 %	25 %	18 horas
6-8 meses	37,40 %	16,60 %	14 horas
2-3 años	37,50 %	12,50 %	12 horas
4-6 años	37 %	9,00 %	10.30-11 horas

Patrón de sueño con DSD

Edad	Sueño lento	Sueño REM	Sueño total
3-5 meses	20 %	45 %	18 horas
6-8 meses	16,6 %	37,45 %	14 horas
2-3 años	12,59 %	41,25 %	12 horas
4-6 años	9,23 %	39,17 %	10.30-11 horas

El sueño denominado lento es un sueño pasivo de ondas electroencefalográficas amplias, que de adulto da lugar a las fases 1 y 2 de sueño superficial. El sueño REM o paradójico es una fase de sueño activo y profundo, caracterizada por los movimientos rápidos de los ojos y una atonía muscular muy acentuada. Este tipo de sueño, aunque disminuye su presencia y distribución a lo largo de la vida, está siempre presente en el patrón humano del sueño.

Cuando observamos a un niño durmiendo en la fase REM, la descripción más corriente es la de que está profundamente dormido, ya que advertimos que su cuerpo difícilmente responde a ninguna clase de estímulo y cuando le cogemos la mano y se la levantamos, ésta se desploma inerte.

Hemos comprobado en nuestros estudios clínicos que es en esta fase del sueño donde se da el episodio enurético. El síntoma característico de la enuresis, mojar la cama, suele ocurrir en esta fase del sueño por varios motivos.

Se sabe que en los niños enuréticos la fase REM empieza antes y tiene una duración mayor que en el resto de los niños, lo que les impide reaccionar ante el estímulo que avisa que la vejiga está llena.

En los estudios realizados en las Unidades del Sueño se ha comprobado cómo el hecho de despertar a un sujeto en medio de la fase REM ocasiona desorientación y malestar físico. El umbral de alerta está todavía dormido y se tarda varios minutos en alcanzar un correcto nivel de vigilia, que es lo que permite al individuo situarse y responder correctamente a los estímulos presentados.

Contrastadas investigaciones médicas han comprobado que, además, estos niños suelen presentar una deficiente secreción de la hormona antidiurética (HAD), que tiene un papel decisivo en este proceso.

Según la National Enuresis Society, con sede en Dallas (Estados Unidos), la función de la hormona antidiurética HAD es ayudar a concentrar la orina durante las horas de sueño. Esto significa que la orina contiene menos cantidad de agua, y disminuye por tanto su volumen. Este descenso de volumen contribuye a que a los niños les sea más fácil retener la orina en la vejiga toda la noche sin riesgo de escapes.

Sin embargo, en un muestreo realizado en niños enuréticos se observa que el nivel habitual de incremento de HAD durante el sueño ligero no se produce, al haber disminuido esta fase de sueño a favor del aumento y desfase del sueño REM. Por lo tanto, los niños que se encuentran en esta situación producen a menudo más volumen de orina del que sus vejigas pueden almacenar durante las horas de sueño, debido a esta disminución en la secreción de la hormona antidiurética.

La conjunción de estos dos factores ocasiona la incapacidad de controlar los esfínteres y evitar así los escapes de orina. Esto, a su vez, da lugar a una incapacidad funcional de la vejiga urinaria para aumentar su resistencia al volumen de líquido almacenado, a la par que disminuye su fuerza, por falta de uso del músculo detrusor, que es el que aguanta el peso del pipí y evita que salga.

Consecuencias orgánicas asociadas

En este apartado vamos a tratar de dar solución a los síntomas más frecuentes que se suelen dar de manera conjunta a la enuresis. Seguidamente los explicamos:

- Estreñimiento. A menudo el afán del niño por evitar que se le escape el pipí produce una continencia excesiva que ocasiona en mayor o menor grado estreñimiento. En la mayoría de los casos aumentar la ingesta de fibra en la dieta diaria, con frutas, verduras y cereales integrales, evita el problema.
- La hiperactividad, llamada también cientí-

ficamente TDA-H, se da acompañada de la enuresis sólo en algunos casos. La dificultad que tienen los hiperactivos para inhibir su actividad alcanza al sistema urinario, y son incapaces de detener el flujo de orina.

Consecuencias psicológicas

Es de gran relevancia destacar que hasta el momento hemos descartado entre las causas de la enuresis problemas de aprendizaje, de conducta o incluso psicológicos. Esto es debido a que consideramos que estos problemas son consecuencias derivadas del síndrome enurético, y no al revés, aunque a veces se suelen confundir. Veamos, no obstante, los principales problemas o dificultades de carácter psicológico que afectan al niño:

— Falta de seguridad en sí mismo.
— Humillación cuando los demás lo descubren.
— Vergüenza, falta de confianza.
— Sentimiento de impotencia.

— Autoestima baja.
— Fracaso escolar.
— Se siente impotente, superado por una situación que le produce angustia y que no sabe cómo solucionar.
— Las relaciones familiares se deterioran.
— Se ve afectado por el sentimiento de culpa de los padres.
— Su vida social se ve limitada; no puede ir de colonias, de campamentos o a dormir a casa de sus amigos.

Sin embargo, un enfoque adecuado y eficaz para un buen tratamiento deberá centrarse en las causas y no en las consecuencias que se derivan de la enuresis.

Por otro lado, la queja de la mayoría de los padres cuando vienen a consultar sobre el tema de la falta de control del pipí es que el niño se despierta mojado y los llama, o se lo encuentran durmiendo en su cama mojado.

Noches sin dormir, constantes idas y venidas, preocupación por que no se quede toda la noche mojado se suman al estrés cotidiano. La paciencia se debilita y aparecen situaciones conflictivas. Por eso es importante ponerse manos a la obra antes de que sea demasiado tardc.

Es importante tener en cuenta que las necesidades fisiológicas se aprenden como hábitos, con rutina y repetición. Es igual, o quizás más fácil, crear un buen hábito que uno malo. Pero las consecuencias no son las mismas.

Normalmente, crear un buen hábito requiere paciencia y dedicación, pero los resultados compensan ese esfuerzo y suelen ser sorprendentes. Los niños funcionan muy bien con la rutina porque la pueden predecir y eso les aporta una gran dosis de seguridad. Saben lo que hacer en su entorno y adivinan cómo va a reaccionar el adulto.

Pensemos, además, que cuando un niño es pequeño, de entre dos y cuatro años, que es la edad en la que deberían adquirirse los hábitos ligados a las necesidades fisiológicas como comer, dormir y controlar sus necesidades, no suelen tener todavía interiorizada la noción espacio-temporal. Lo que significa que nunca saben lo que va a suceder y eso les produce un cierto desasosiego, más o menos acusado, dependiendo del carácter del niño.

Por otro lado, crear un hábito incorrecto suele ser fruto de despropósitos, cansancio, nervios o que quizás hay demasiadas personas que se ocupan del niño a la vez. Normalmente, los padres, desesperados, prueban cada vez una estrategia diferente o una nueva terapia, lo que no hace sino confundir al niño y evitar que sepa qué es lo que quieren que aprenda.

Un hábito incorrecto suele aprenderse porque es un comportamiento que la primera vez se da por azar y luego acaba convirtiéndose en rutina. El niño o la niña aprende, por ejemplo, a utilizar la excusa del pipí para que le dejen quedarse a dormir en la cama de los papás. ¿Qué niño podría resistirse a ese mal hábito? Seguramente, casi ninguno.

La conclusión a la que podemos llegar, a la vista de los hechos, es que parece conveniente sacrificarse un par de días y no ceder, para evitar que dicho comportamiento pueda convertirse en un hábito, siempre y cuando no haya ningún problema familiar o emocional que justifique hacer alguna excepción, como podría ser que el niño tuviera miedo y no se sintiera capaz de dormir solo.

En el ámbito educativo no hay recetas válidas para todas las personas ni para todas las ocasiones, pero lo más importante es escuchar el instinto paterno.

Factores genéticos y hereditarios de la enuresis

Los datos que tenemos hasta ahora sólo nos permiten afirmar que existe una clara tendencia familiar, que se traduce en un porcentaje de un 70 por ciento de los casos de enuresis con antecedentes hereditarios. Normalmente son los padres o abuelos, pero en algunos casos también pueden ser los tíos.

Los factores genéticos del total de población de enuréticos 20% de la población entre cinco-quince años

Antecedentes hereditarios		Sin antecedentes
70 %		30 %
Parientes cercanos	Padres	
43 %	57 %	

Cuando se descubren antecedentes hereditarios, pueden pasar dos cosas, que la familia respire aliviada y eso les ayude a solucionar el problema exentos de la culpabilidad, o bien que se eximan de toda responsabilidad y lo dejen para que se solucione por sí solo.

La idea que queremos transmitir es la de que, independientemente de que los factores causantes tengan un origen orgánico o no, el problema está sobre la mesa y por sí solo no desaparecerá.

Si tenemos a nuestro alcance la posibilidad de intervenir y evitarle a nuestro hijo muchos años de inseguridades encubiertas, de noches incómodas y renuncias innecesarias, ¿por qué dejarlo pasar?

Por otra parte, el predominio de los varones —dos por cada niña— parece estar vinculado a la configuración física del aparato urinario masculino, que presenta una mayor dificultad para controlar y trabajar los músculos implicados en el control de esfínteres.

Reparto por sexos de los factores hereditarios del 20 % de la población

	Varones	Mujeres
5 años	14 %	6 %
10 años	7 %	3 %
>15 años	2 %	0,5 %

Señales de alerta

Si observamos los siguientes cambios en el comportamiento de nuestro hijo o hija, es el momento de empezar a tomar cartas en el asunto:

— Le empieza a preocupar, se siente diferente y cuando se le escapa el pipí llora angustiado.
— No quiere que nadie se entere.
— Es capaz de quedarse dormido y mojado toda la noche sin despertarse.
— Evita las situaciones comprometidas.

La actitud de los padres ante una situación como ésta no debe ser ni de alarma, haciendo algo traumático para el niño, ni tampoco la de restarle importancia. Hemos de preocuparnos por consultar a un profesional (pediatra o psicólogo) para, en primer lugar, establecer un diagnóstico correcto y descartar cualquier patología fisiológica y, en segundo lugar, determinar el tipo de enuresis a la que nos enfrentamos, para hallar una solución eficaz en un tiempo no demasiado prolongado.

Normalmente, los problemas de origen psicosomático suelen ser una señal de alarma sobre algo que está ocurriendo en el desarrollo personal del niño y que él solo no sabe cómo solucionar o cómo enfrentar. El síntoma es una llamada de alerta del niño para llamar nuestra atención.

Cuando hablamos de enuresis siempre nos estamos refiriendo a los casos de incontinencia en los que no existe ninguna afección física que la cause, infecciones en el tracto urinario, ni ninguna otra enfermedad que la pueda causar.

Según señala el doctor Ajuriaguerra en su tratado de psiquiatría infantil, no se ha encontrado ninguna causa médica que justifique la enuresis, por lo que no se puede llamar enfermedad, sino alteración o disfunción.

Como ya hemos explicado en el capítulo anterior, las causas son de orden neurofisiológico. Se trata de la DSD (disfunción del sueño profundo), asociada a una disminución en la secreción del HAD (hormona antidiurética).

A menudo suelen ir acompañadas por un patrón de personalidad caracterizado por la inmadurez. Son niños muy infantiles, ingenuos y pequeños. Parece como si tuvieran miedo a crecer y a ser independientes, y suelen tener «mamitis» o «papitis». Pero sólo se trata de una fase que la mayoría de los niños superan con éxito.

El límite de los cinco años

Los cinco años se considera la edad crítica, el margen que otorgan todos los especialistas para comprobar si el niño puede superar esta situación por sí solo, después de descartar cualquier alteración física.

Si llegados a este punto todo sigue igual, es cuando se recomienda la visita a un profesional para iniciar una tratamiento adecuado y personalizado.

Caso práctico. Lucas no se despierta por la noche para hacer pipí

Lucas tiene ya siete años y no consigue despertarse para ir a hacer pipí por la noche. Sus padres han probado a ponerle un despertador o levantarlo a media noche y han usado el Pipi-Alarm, pero lo único que han conseguido es que se despierte toda la casa menos Lucas.

Cuando intentan despertarlo, el niño continúa profundamente dormido y por la mañana no recuerda nada de lo que ha pasado durante la noche. Las veces que consiguen llevarlo a rastras al lavabo, Lucas se enfada y no quiere hacer pipí.

Primero intentaron dejarlo un tiempo sin pañal, pero mojaba las sábanas muchísimo, como si hubiese hecho dos o tres pipís; sin embargo, él podía pasarse toda la noche mojado de esa manera sin inmutarse.

Esa situación producía mucha ansiedad a sus padres, que lo vivían muy mal y no sabían qué actitud adoptar. Lo habían probado todo, regañarlo, ignorarlo, dejarle la ropa limpia para que cambiara las sábanas por la mañana... sin obtener ningún resultado positivo.

El conflicto estaba empezando a afectar a la relación de pareja, ya que cada uno opinaba de forma distinta y se echaban las culpas mutuamente. Juan, el padre, opinaba que era problema del niño, que no había que protegerlo tanto y que ya aprendería. La madre sufría porque pasara las noches mojado e intentaba levantarse para cambiarle una o dos veces cada noche.

El resultado era que estaban agotados, y Marta decidió ponerle una braga-pañal para evitarle esas incomodidades. Lucas, por su parte, actuaba como si la película no fuera con él, lo que aún exasperaba más los ánimos de Marta y de Juan.

Las cosas no mejoraron, porque todo el mundo daba su opinión, la suegra, la vecina, los amigos... y lo único que conseguían era confundirlos más. Unos decían que ya se le pasaría, otros que había que tomar cartas en el asunto, así que los padres empezaron a no hablar del tema y a hacerlo tabú. Cada uno tenía su remedio casero, pero estaba claro que ninguno funcionaba. De modo que se pusieron un plazo para retomar el tema y calmar la situación.

Fue entonces cuando aparecieron en mi consulta, sin el niño, para solicitar una orientación como padres y pareja, ya que la situación empezaba a escapárseles de las manos. A partir de ese momento pusimos en marcha nuestro método y, en aproximadamente unos ocho meses, Lucas consiguió superar su problema.

El tratamiento fue más largo porque contábamos con el factor añadido de su falta de motivación. Primero hubo que trabajar este aspecto a nivel psicoterapéutico antes de empezar con el aprendizaje del acto reflejo para superar la barrera inconsciente del desfase de sueño profundo.

Cómo ayudarlo.
Los métodos más eficaces

Existe solución para la mayoría de los casos de enuresis y no es tan difícil de aplicar como parece. Con el tratamiento que exponemos a continuación la eficacia se sitúa en un 96 por ciento de los niños y niñas tratados. Se trata de un método que se aplica de manera absolutamente natural y no tiene efectos secundarios.

Los casos más complicados serían aquellos en los que las causas quedan enmascaradas, ya que la clave de la solución es hallar el motivo que ocasiona dicha sintomatología. Por eso es importante observar al niño y averiguar cualquier situación o cambio que le pueda haber afectado.

También es importante conocer bien los rasgos de carácter más importantes de nuestro hijo para saber cómo reacciona ante determinadas circunstancias. Hay algunas peculiaridades de carácter que nos permiten establecer un buen diagnóstico diferencial.

Rasgos de carácter

- Tozudez. El niño se queda bloqueado y no se le puede hacer razonar.
- Poca adaptabilidad. Le cuesta adaptarse a los cambios, todo le va mal, es negativo.
- Irritabilidad. Llora constantemente o está «de morros» muy a menudo.
- Sensibilidad muy elevada. Le molesta tanto el exceso de ruidos o de luz como la ropa áspera.
- Dependencia. Le gusta que estén constantemente con él y le cuesta separarse de los padres.

Si vuestro hijo presenta alguno de estos rasgos separadamente no os preocupéis, pero si tiene más de tres o cuatro a la vez, ¡atención!, hay que vigilar la manera de enseñarle las cosas porque tiene una forma especial de reaccionar y ésta puede ser la causa de su problema.

Es importante también averiguar la repercusión del síntoma en el ámbito en el que se mueve el niño, como saber si ha ocurrido algún episodio en el colegio que haya hecho que los demás niños se burlen de él. Normalmente, estas situaciones no hacen sino aumentar la inseguridad del niño y, por lo tanto, perpetuar su falta de control del pipí.

Método Ferrerós para evitar los escapes nocturnos

Aunque las razones por las que cada niño se hace pis en la cama pueden ser de los más variado, como hemos explicado en capítulos precedentes, no olvidemos que un mismo niño puede tener diferentes momentos, razones o motivaciones para presentar la misma conducta. Sin embargo, la línea de actuación debe tener siempre un objetivo claro, que es el de ayudar a nuestro hijo a solucionar su problema.

Habrá veces en que el mojar la cama será producido por una serie de causas más bien fisiológicas: que el niño no ha llegado a despertarse, que las señales enviadas a su cerebro por la vejiga no han sido suficientes, que una vez iniciado el pipí la sensibilidad hacia la humedad tampoco lo ha despertado o que el esfínter o el músculo detrusor no ha estado suficientemente cerrado para retener la orina toda la noche.

Otras veces, quizás durante la misma noche, parte de la responsabilidad se deba a causas de tipo afectivo o relacional. El niño puede pensar: «No pasa nada, mamá me cambiará y me limpiará si la llamo, y así estará un ratito conmigo o a lo mejor me deja dormir en su cama.» También es posible que el niño se llegue a despertar medio dormido pero le dé pereza levantarse de la cama, porque haga frío, esté oscuro, etcétera.

En cualquier caso, queda claro que es de suma importancia averiguar cuáles son las causas de sus escapes, puesto que entonces la solución es menos agresiva y simplemente contrarresta las consecuencias del incidente.

En este punto se les presenta a los padres un auténtico reto, ya que el investigar con cautela las razones que pueden haber causado esta conducta accidental supone un desafío a su ingenio.

A continuación presentamos un método infalible que está dando resultados increíbles, con una experiencia que nos avala desde hace más de diez años y una eficacia del 96 por ciento de los casos, independientemente de las causas que originen la enuresis, ya que las tiene en cuenta todas, y parte también de la base de que la enuresis es una disfunción multifactorial.

Una pregunta muy usual que me hacen los padres es cómo saber, cuando el niño se ha hecho pipí en la cama, si ha sido porque no se ha despertado cuando ha tenido pipí o ha sido porque no se ha levantado a hacerlo. En el primer caso el mecanismo a corregir sería la conexión entre vejiga llena y vigilia (que se despierte), y en el segundo es sencillamente un problema de motivación.

Este dilema, que puede parecer bastante complicado a los ojos de los padres, queda relegado a un segundo término con el método que os proponemos.

Lo más importante en nuestro método es nuestra actitud como padres. Pensemos que hemos de cambiar de registro y de forma de responder ante la conducta de nuestro hijo.

Ahora sabemos que su problema está originado por un trastorno del sueño REM que le impide responder y levantarse ante la señal de alarma que envía la vejiga al cerebro cuando ésta rebasa su capacidad.

> Nuestro principal objetivo será establecer un aprendizaje condicionado para provocar que el niño se despierte ante la señal de humedad.

De la misma manera que Pavlov hizo con sus famosos perros, nosotros vamos a conseguir que el niño automatice una secuencia de acciones motrices para saltarse el control del córtex voluntario. De esta manera conseguiremos que ese reflejo condicionado que vamos a generar funcione de forma automática, esté el niño despierto o dormido, nervioso o alterado.

Todos realizamos de forma cotidiana reflejos condicionados, como conducir o ir en bicicleta, patinar o llevar una moto. Éstos precisan un aprendizaje voluntario metódico, pero, una vez se han incorporado a nuestro repertorio de actos reflejos, funcionan de forma automática, de manera que, aunque haga mucho tiempo que uno no conduce o monta en bicicleta, una vez aprendido ya no se borra.

Es muy importante, sin embargo, no saltarse ninguna de las fases que os mostramos a continuación del aprendizaje del condicionamiento:

1. Establecimiento de la rutina motriz voluntaria.
2. Establecimiento del acto reflejo involuntario.
3. Consolidación.
4. Automatismo.

El reflejo condicionado consiste en ser capaz de aguantar cerrado el esfínter y el músculo detrusor, en una situación de mucha presión de orina, durante cinco minutos. Éste es el tiempo máximo demostrado en el que rompemos el ciclo del sueño, cuando el niño se despierta, aguantando el esfínter cerrado, tal como ha aprendido.

Empezaremos porque ejercite el músculo durante treinta segundos e iremos aumentando el tiempo de forma progresiva, de manera que sirva de motivación. Así cada semana se irá alargando el tiempo. Lo anotaremos en nuestro protocolo de enuresis, estableciendo así un sistema de refuerzo o incentivos para valorar su esfuerzo. Más adelante explicaremos este ejercicio detalladamente.

Dependiendo de la edad del niño, suele dar buenos resultados presentarle el «entrenamiento» como una competición en la que juega contra sí mismo, superándose cada día. Podemos utilizar también el Juego del Gusanito, en el que el niño pinta y visualiza así sus progresos.

Este entrenamiento empieza a tener efectos positivos, si se hace a conciencia, a partir de los tres meses desde su inicio. Entre los seis y los nueve meses, dependiendo de la intensidad y la eficacia alcanzada, podemos darlo por terminado.

Es importante realizar estos ejercicios de forma rutinaria, siempre en las mismas condiciones, de la misma manera y a la misma hora. Dos momentos apropiados son la primera hora de la mañana y cuando el niño llega del cole.

Sin embargo, no podemos olvidar, tal como nos muestran las tablas de protocolos, la dieta, lo que bebe el niño y el número de pipís que hace al día, elementos claves para nuestro tratamiento.

Protocolos y pasos a seguir

- El primer paso consiste en desbloquear la ansiedad que el niño lleva acumulada por la situación.
- Seguidamente, hay que aumentar la sensibilidad de la piel ante las sensaciones húmedo-seco.
- El niño o la niña ha de entrenar los músculos de los dos esfínteres, tanto el interno

como el externo, que son los que bloquean la salida del pipí.

- Con este entrenamiento se establecerá una conexión automática en el cerebro del niño/a para que funcione de noche y de día.
- Tenemos que llevar a cabo un sistema de incentivos positivos para reforzar la aparición y el mantenimiento de la nueva conducta.
- Favorecemos el refuerzo positivo implicándonos ambos padres, especialmente el progenitor del mismo sexo que el niño/a. Nos comportamos como si fuéramos sus entrenadores, pero evitamos convertirnos en controladores obsesivos.

Los siguientes son protocolos personalizados de seguimiento. Mediante los datos anotados podremos observar la evolución del niño y sus progresos para ir ajustándonos a las necesidades particulares de nuestro hijo. Es importante realizar un seguimiento diario y que anotéis las siguientes variables durante diez días.

Día 1

Fecha y día de la semana:

- Número de ejercicios para cortar el pipí:
- Número de segundos que aguanta antes de dejar ir el pis en el momento de mayor presión en la vejiga (condicionamiento):
- Número de pipís diarios:
- Cantidad de ingestión de líquidos:
- Dieta a la hora de cenar:
- Hora de la cena:
- Actividades:
- Hora de ir a dormir:
- Diagnóstico. Número de veces que ha tenido escapes a lo largo de la noche y la cantidad:
- Anotaciones personales:

Día 2

Fecha y día de la semana:

— Número de ejercicios para cortar el pipí:
— Condicionamiento. Número de segundos que aguanta antes de dejar ir el pis en el momento de mayor presión en la vejiga:
— Número de pipís diarios:
— Cantidad de ingestión de líquidos:
— Dieta a la hora de cenar:
— Hora de la cena:
— Actividades:
— Hora de ir a dormir:
— Diagnóstico. Número de veces que ha tenido escapes a lo largo de la noche y la cantidad:
— Anotaciones personales:

Día 3

Fecha y día de la semana:

— Número de ejercicios para cortar el pipí:
— Condicionamiento. Número de segundos que aguanta antes de dejar ir el pis en el momento de mayor presión en la vejiga:
— Número de pipís diarios:
— Cantidad de ingestión de líquidos:
— Dieta a la hora de cenar:
— Hora de la cena:
— Actividades:
— Hora de ir a dormir:
— Diagnóstico. Número de veces que ha tenido escapes a lo largo de la noche y la cantidad:
— Anotaciones personales:

Día 4

Fecha y día de la semana:

— Número de ejercicios para cortar el pipí:
— Condicionamiento. Número de segundos que aguanta antes de dejar ir el pis en el momento de mayor presión en la vejiga:
— Número de pipís diarios:
— Cantidad de ingestión de líquidos:
— Dieta a la hora de cenar:
— Hora de la cena:
— Actividades:
— Hora de ir a dormir:
— Diagnóstico. Número de veces que ha tenido escapes a lo largo de la noche y la cantidad:
— Anotaciones personales:

Día 5

Fecha y día de la semana:

- Número de ejercicios para cortar el pipí:
- Condicionamiento. Número de segundos que aguanta antes de dejar ir el pis en el momento de mayor presión en la vejiga:
- Número de pipís diarios:
- Cantidad de ingestión de líquidos:
- Dieta a la hora de cenar:
- Hora de la cena:
- Actividades:
- Hora de ir a dormir:
- Diagnóstico. Número de veces que ha tenido escapes a lo largo de la noche y la cantidad:
- Anotaciones personales:

Día 6

Fecha y día de la semana:

- Número de ejercicios para cortar el pipí:
- Condicionamiento. Número de segundos que aguanta antes de dejar ir el pis en el momento de mayor presión en la vejiga:
- Número de pipís diarios:
- Cantidad de ingestión de líquidos:
- Dieta a la hora de cenar:
- Hora de la cena:
- Actividades:
- Hora de ir a dormir:
- Diagnóstico. Número de veces que ha tenido escapes a lo largo de la noche y la cantidad:
- Anotaciones personales:

Día 7

Fecha y día de la semana:

- Número de ejercicios para cortar el pipí:
- Condicionamiento. Número de segundos que aguanta antes de dejar ir el pis en el momento de mayor presión en la vejiga:
- Número de pipís diarios:
- Cantidad de ingestión de líquidos:
- Dieta a la hora de cenar:
- Hora de la cena:
- Actividades:
- Hora de ir a dormir:
- Diagnóstico. Número de veces que ha tenido escapes a lo largo de la noche y la cantidad:
- Anotaciones personales:

Día 8

Fecha y día de la semana:

— Número de ejercicios para cortar el pipí:
— Condicionamiento. Número de segundos que aguanta antes de dejar ir el pis en el momento de mayor presión en la vejiga:
— Número de pipís diarios:
— Cantidad de ingestión de líquidos:
— Dieta a la hora de cenar:
— Hora de la cena:
— Actividades:
— Hora de ir a dormir:
— Diagnóstico. Número de veces que ha tenido escapes a lo largo de la noche y la cantidad:
— Anotaciones personales:

Día 9

Fecha y día de la semana:

— Número de ejercicios para cortar el pipí:
— Condicionamiento. Número de segundos que aguanta antes de dejar ir el pis en el momento de mayor presión en la vejiga:
— Número de pipís diarios:
— Cantidad de ingestión de líquidos:
— Dieta a la hora de cenar:
— Hora de la cena:
— Actividades:
— Hora de ir a dormir:
— Diagnóstico. Número de veces que ha tenido escapes a lo largo de la noche y la cantidad:
— Anotaciones personales:

Día 10

Fecha y día de la semana:

— Número de ejercicios para cortar el pipí:
— Condicionamiento. Número de segundos que aguanta antes de dejar ir el pis en el momento de mayor presión en la vejiga:
— Número de pipís diarios:
— Cantidad de ingestión de líquidos:
— Dieta a la hora de cenar:
— Hora de la cena:
— Actividades:
— Hora de ir a dormir:
— Diagnóstico. Número de veces que ha tenido escapes a lo largo de la noche y la cantidad:
— Anotaciones personales:

Las claves del éxito

Al empezar el tratamiento es básico decirle adiós al pañal y enseñarle al niño la diferencia entre seco y mojado, ya que si siempre está semihúmedo no podrá apreciar esa diferencia, lo que le impedirá detectar la señal de alarma de las primeras gotas.

Cuando al niño le da miedo desprenderse del pañal, un truco que suele funcionar bastante bien es ponerle un pañal dos tallas más pequeño para que sea él mismo quien se sienta incómodo y quiera quitárselo.

Para los padres, por otra parte, siempre es más cómodo no hacer ningún esfuerzo y desconectar a la hora de dormir. Respecto al niño, la voluntad y la incentivación toman aquí un papel relevante en su cambio de actitud, que ha de pasar de pasiva a activa y que es fundamental para llegar a buen término.

Para el entrenamiento de los músculos implicados, el niño o niña habrá de practicar a diario los siguientes ejercicios que los padres le enseñaremos como si fuera un juego. Nunca hemos de presionarlo o agobiarlo.

— Ha de aprender a cortar el pipí de manera intermitente.

— Debe aguantarse las ganas de ir al lavabo cuando no pueda más.

— Tiene que intentar hacer pipí, aunque sean dos gotas, cuando no tiene ganas.

— Ha de aumentar el número de pipís diarios hasta que llegue a los ocho o diez recomendados.

Todo esto ha de registrarse diariamente de forma pormenorizada en los protocolos que adjuntamos: los ejercicios realizados cada día, con sus tiempos correspondientes y las dificultades superadas, además de anotar lo que han comido y bebido, el rato que tardan en irse a dormir o cualquier suceso que pensemos que puede interferir en su proceso de aprendizaje.

Los protocolos son de vital importancia para el buen desarrollo del tratamiento y tienen varias funciones. La más importante es la de darnos cuenta de que todo tiene una explicación y que las cosas que ocurren tienen sus motivos, como que al niño no se le escapa el pipí de forma mágica, sino que existe una causa.

Es básico que el niño se haga consciente de la repercusión física de sus actos y que observe también las diferentes variables que pueden influir en sus respuestas fisiológicas. A medida que vaya conociendo cómo funciona su organismo, le será más fácil controlarlo.

Evidentemente, no todos los niños reaccionan igual ni física ni psicológicamente; por eso es necesaria un atención personalizada de cada caso. En ese sentido, los protocolos diarios son imprescindibles para llevar a cabo un buen seguimiento del proceso de aprendizaje condicionado de cada niño.

Proceso de aprendizaje

Nuestro objetivo primero es aumentar la capacidad funcional de la vejiga urinaria. Para ello es necesario que el niño beba líquido sobre todo por la mañana y haga una dieta antidiurética por la noche.

Los ejercicios de aguantar y retener la necesidad de hacer pipí no sólo sirven para educar y aumentar su capacidad vesical, sino que además el niño o la niña está aprendiendo a controlar a voluntad las contracciones del músculo detrusor, que constituyen la primera señal indicadora de la necesidad de hacer pis. Por otra parte, el aprendizaje del control de esfínteres se basa en los siguientes pasos:

1. Aumento de la capacidad funcional de la vejiga.
2. Fortalecimiento de los esfínteres.
3. Establecimiento del reflejo condicionado.
4. Incentivación positiva.

Mediante estos ejercicios de aguantar y retener la orina, el niño no sólo fortalece los esfínteres, sino que aprende a identificar cómo hacerlo y a ser consciente de que son ellos los que abren y cierran el paso al pipí. De esta manera el niño aprende a controlar las contracciones del músculo detrusor a voluntad.

El fortalecimiento de los esfínteres es básico

en este aprendizaje y previo al ejercicio de condicionamiento. No introduciremos este último ejercicio hasta que el niño sea capaz de cortar el flujo de orina a voluntad.

El corte del flujo del pipí se debe hacer de la siguiente manera: el niño o la niña deja salir una parte del pipí, después detiene el pis; seguidamente espera contando hasta cinco y luego lo vuelve a dejar salir.

Es importante que sepáis que los esfínteres son un conjunto de músculos, dos externos y dos internos, cuya misión es cerrar el orificio de salida de la uretra. Si estos músculos no están suficientemente entrenados o se advierte una ligera hipotonía, les será muy difícil cumplir su misión.

Como hemos dicho, los ejercicios para fortalecer estos músculos consistirán en aprender a cortar el flujo de orina cuando se está haciendo pipí, habilidad que depende de la edad y el sexo. Las niñas suelen tenerlo más fácil.

Los niños, en cambio, tienen más dificultades y empiezan a hacerlo apretándose el pene. Han de aprender, sin embargo, a hacerlo sin sujetarse de forma externa, sino con los músculos internos. A veces, el niño aprende simplemente con una demostración práctica por parte del padre. En este caso, además, el niño se puede identificar y es más fácil que lo imite.

Puede enfocarse como un juego, a ver quién corta más veces el pipí y se convierte en el capitán del «pito». Se deberá ir variando, sin embargo, la secuencia de cortes y aumentando la dificultad del ejercicio cortando el flujo al principio, cuando la intensidad, la presión y la necesidad son mayores.

Cuando el niño o la niña llegue a cortar y a dejar ir el pipí a voluntad, tanto al principio de la secuencia como al final, habrá alcanzado una óptima capacidad de control de esfínteres, que irá automatizando a medida que siga con su entrenamiento.

Finalmente, lo que empieza como un ejercicio regular se convierte en un automatismo que entra en funcionamiento también por la noche, al primer síntoma de escape.

Incentivación

Para reforzar la motivación del niño y ayudarlo a consolidar los nuevos aprendizajes es importante estimularlo de acuerdo a sus características personales, tanto por edad como por aficiones.

Ante el mismo problema, nunca reaccionará igual una niña de nueve años que un niño de cinco. Para una puede resultar muy eficaz un tipo de incentivo y para el otro nada. Por otro lado, cuando hablamos de incentivos no nos referimos a comprarles regalos o darles premios, sino a valorar su esfuerzo de forma relevante en el ámbito familiar.

Podemos incentivarlo haciéndole una fiesta de «mayores», y mostrarle así que ha entrado en el club de los que dejan de ser bebés, cuando haya superado alguno de los diferentes entrenamientos de nuestro método.

Se puede invitar a amigos, primos o a los niños/as que elija para celebrar su paso a otro estadio o etapa personal. Otra opción es dejarle ir a dormir a casa de un amigo, de un primo o de los abuelos para demostrar su independencia, o permitirle comer algo que hasta ahora tenía vetado por ser para niños mayores.

En cualquier caso, dejad volar vuestra imaginación y adaptad estas ideas a la personalidad y gustos de vuestro hijo/a. Los resultados son formidables.

Caso práctico. El gran éxito de Javi. Nuestro método aplicado

Javi tiene ya diez años y moja las sábanas de forma intermitente. Va a temporadas, pero de repente puede tener semanas en las que le ocurre cada día. La situación le agobia y le preocupa especialmente de cara a las actividades deportivas y escolares.

Juega a fútbol y va a irse con el equipo una semana a un campeonato fuera de la ciudad. Sus padres nos explican que el niño ha ido diciendo a sus compañeros que ellos no le dejan ir, cuando eso no es así.

Al preguntarle los motivos de esta «excusa», Javi respondió que tiene miedo de que se le pueda escapar el pipí y sus compañeros se den cuenta. Éste ha sido el detonante que les ha llevado a buscar ayuda profesional. Se han dado cuenta de que la situación se estaba alargando demasiado y estaba afectando a Javi en su desarrollo personal y social.

El niño se presenta en la consulta muy colaborador y preocupado, quiere saber si en tres meses puede conseguir superar sus escapes e irse con los amigos sin tener que preocuparse. Ante todo le explicamos que se trata de un entrenamiento y que el éxito del tratamiento depende del esfuerzo conjunto y la colaboración de sus padres.

A Javi y a sus padres les marcamos las primeras pautas a seguir después de explicarles las causas multifactoriales que le causan este problema, para que en primer lugar desbloqueemos la sensación de inseguridad de Javi.

Es importante que el niño entienda que no se le escapa el pipí porque «está mal hecho», tiene un defecto, está enfermo o es raro, sino porque tiene un desfase de sueño que le impide segregar la HAD y que su vejiga tiene un tamaño reducido y, por lo tanto, aguanta poco.

Le explicamos que de la misma manera que otros niños llevan gafas, unos son más bajos y otros más altos, a él le ha tocado una vejiga, o «balón inflable», pequeña.

A veces va bien explicarles que el lugar donde se almacena el pipí es como una especie de balón hinchable o globo y hacer la prueba con uno. Lo llenamos de agua y le enseñamos cómo haremos los ejercicios y por qué, cuando nos ponemos a dormir, «chafamos» el globo y por eso el pipí se escapa.

Esta sencilla explicación consigue un efecto mágico en los niños con este tipo de problema, y Javi no es ninguna excepción. De repente ha visto su problema con otros ojos y se siente capaz de conseguir nuestro objetivo.

El paso siguiente es hacerle una demostración práctica de los ejercicios y cómo tiene que apuntarlos con la ayuda de sus padres. Le enseñamos los protocolos y le explicamos que la primera semana se tiene que concentrar en tres aspectos:

1. Ha de intentar hacer un mínimo de ocho a diez pipís diarios.
2. Tiene que llevar una dieta antidiurética en la cena, para coger fuerzas, como buen deportista.
3. Debe realizar el primer ejercicio: Ser capaz de cortar el flujo de pipí a la mitad, contar hasta cinco y acabar de orinar.

A la segunda semana, Javi está contento, más relajado y más comunicador. Ha realizado correctamente todo lo que le hemos propuesto y trae su protocolo debidamente completado. Sólo en esta primera etapa, el número de escapes se ha reducido considerablemente y esa semana sólo se le ha escapado en tres ocasiones. Cuando llegó a la consulta por primera vez, su promedio era de seis o siete veces por semana.

Al estudiar el protocolo pudimos comprobar que los días de los escapes coincidían con los días que tenía entrenamiento de fútbol. Y, al preguntarle a Javi qué cosas hacía diferentes cuando tenía entreno, de repente se le ilumina la cara: «Claro —dice—, al acabar tengo tanto calor y estoy tan sudado que me bebo de un trago una botella de agua.» Yo le pregunto entonces «¿Y eso a qué hora sucede?», y Javi me responde: «Solemos acabar a las 19.30 h.» Entonces le explico lo que él ya ha comprendido, que esos días bebe más agua que de costumbre, lo que desestabiliza el equilibrio que estamos intentando crear.

Para eliminar esta nueva cantidad de agua,

Javi tendría que aumentar el número de pipís en dos o tres más antes de irse a dormir. Para la siguiente semana, debido a sus buenos resultados, ya le proponemos trabajar el ejercicio que consolida el condicionamiento y pone en marcha el reflejo automático que queremos conseguir. Así que su tarea, esta semana, consiste en incorporar el nuevo ejercicio a los de las tres anteriores:

— Ha de identificar el momento de mayor presión de pipí en la vejiga y ser capaz de aguantar como mínimo treinta segundos, de forma consciente y voluntaria, y realizarlo, como mínimo, dos veces al día.

La siguiente semana le proponemos ritualizar este ejercicio y aumentar el número de segundos a sesenta o cien, y volver en quince días. Las condiciones ideales para ritualizarlo son hacerlo siempre de la misma forma, en el mismo lugar y a la misma hora cada día.

A partir de este momento, los controles son quincenales, y el niño va aprendiendo cómo responde su cuerpo a cada etapa de su progreso. Ha de ir apuntando las consecuencias de sus actos para que así él pueda prever cómo controlarlos.

Poco a poco, Javi se da cuenta de que cuando cena una pizza los fines de semana, luego tiene mucha sed, bebe más de lo habitual y esa noche no puede controlar el pis. O que cuando bebe un refresco con gas, después del cine, con las palomitas, también tiene escapes. Pero si controla todas las variables, pasa muchas noches secas.

Y Javi lo consigue él solo con su esfuerzo y la implicación de sus padres, sin pastillas ni aparatos, ciento por ciento natural. Sus padres me comentan también que el carácter del niño está cambiando; se siente más seguro, está más abierto y cariñoso.

Después de casi dos meses de terapia, Javi se ha despertado de repente una noche con ganas de hacer pipí, se ha levantado y ha ido al baño medio dormido. Por la mañana, está contentísimo; el reflejo automático está empezando a hacer efecto. En este momento, Javi está contando 300 segundos antes de dejar salir el pipí. Éste es nuestro punto de inflexión.

A partir de aquí, la motivación de Javi para mantener el esfuerzo diario de llevar a cabo todos los controles y ejercicios necesarios ha aumentado de tal manera que su progresión es espectacular. Casi sin supervisión paterna, sabe lo que le va bien para mantener su cuota de éxitos, y el hecho de levantarse seco cada mañana refuerza su tenacidad.

Controla su dieta, la ingestión de líquidos, realiza los ejercicios de manera automática y se enfrenta ahora a la etapa más dura: la consolidación. Esta parte del tratamiento es la que les cuesta más, ya que no suelen entender por qué han de continuar con esta dinámica un par de meses más si ya han conseguido su objetivo y controlan el pis perfectamente.

En este punto es donde muchos niños experimentan una regresión, pero Javi tiene una motivación extra: los campeonatos de fútbol. Javi tiene una fecha en mente y no baja la guardia. Algún día ha tenido un «accidente» debido a los nervios por un examen. Ese día, sin darse cuenta, hizo menos pipís y bebió más agua de lo normal. Otra vez se fue un fin de semana al pueblo de su abuela, que cocinaba con el agua de allí, mucho más pura y diurética.

Estos accidentes son normales en el curso de la terapia, ya que estamos dentro de un proceso de aprendizaje, en el que, a menudo, para dar dos pasos hacia adelante se da uno hacia atrás. Entonces es importante que toda la familia tenga claro en qué momento del proceso estamos y las razones que causan los escapes, para no desmotivar al niño.

Cuando los niños aprenden a ir en bicicleta y les quitamos las ruedas traseras, ocurre también que, después de una semana en la que dominan la bicicleta, se caen un par de veces al tropezar con una piedra o correr más de la cuenta. Sin embargo, cuando esto pasa, a nadie se le ocurre pensar que el niño ya no sabe ir en bicicleta o que ha desaprendido todo lo logrado.

Hemos de tener en cuenta que los niños no son robots y responden a muchos factores que a veces no se ven. Por eso es importante que cada tratamiento sea personalizado, porque las pautas que a un niño le funcionan a otro puede que no le vayan bien. Hay que modificarlas entonces, adaptándolas a la propia personalidad de cada uno y a los vínculos familiares ya existentes.

Otros métodos contra la enuresis

En este apartado vamos a ofrecer un amplio abanico de posibilidades, según las diferentes tendencias, para ayudaros a tratar la enuresis de vuestro hijo. Algunos de estos métodos muestran una discreta eficacia en determinados casos y otros parten de filosofías que no compartimos.

Nos parece importante, sin embargo, ofrecer una visión amplia del tema que nos ocupa para que el lector elija el tratamiento más adecuado a su propio caso.

No obstante, nuestra opinión es que estos métodos tienen el problema de que sólo abarcan una faceta de la disfunción y no ofrecen resultados científicos, ya que no se pueden aplicar siempre.

Contra la enuresis también se han utilizado la acupuntura y la hipnosis con escasos resultados.

La explicación de su éxito variable se debe a que se centran sólo en algunas de las causas colaterales del problema.

Aparatos antienuréticos (sensores de humedad)

Existen en el mercado aparatos como el Pipí-Stop o el Pipí-Alarm, cuyo objetivo es despertar de manera mecánica al niño con la humedad de las primeras gotas de orina. El aparato lleva un sensor que, colocado en el pijama, activa un sistema de alarma que suena de forma intermitente, como un despertador, hasta que el niño se levanta.

No es apto para niños pequeños, sólo suele funcionar en niños mayores con una enuresis secundaria por factores psicológicos.

Tratamiento farmacológico o medicación tradicional

Se comercializan en nuestro país varios productos en forma de gotas, aerosoles, pastillas compuestas por desmopresina o iripafina, como compuesto genérico, que tratan de compensar el déficit de HAD (hormona antidiurética).

Hay niños que responden inmediatamente a este tratamiento. Son aquellos cuya base etiológica (las causas de la enuresis) coincide con el tratamiento farmacológico. En otros, los resultados son mínimos, sobre todo cuando subyacen causas psicológicas o emocionales.

Suelen funcionar también como tratamientos de apoyo de la terapia de modificación conductual, siempre y cuando estén descartadas cualquiera de las hipótesis de alteración orgánica. En dicho caso será necesaria la prescripción facultativa.

La medicación comunica un mensaje no verbal de «como estás enfermo, tomas una pastilla». Los niños con este problema sólo tienen una pequeña alteración o disfunción. A nivel psicológico este tratamiento es, a veces, contraproducente.

Técnicas de modificación de conducta

Este tipo de terapias son las que dan mejores resultados cuando los niños no presentan ninguna alteración fisiológica y lo que tratan, en cambio, es de obtener «beneficios» afectivos.

Se trata de niños que, a pesar de los inconvenientes de estar mojados, consiguen una dosis de atención extra que es muy importante para ellos. Con estos niños no suelen funcionar ni medicamentos, ni aparatos, ni castigos, pero sí las terapias basadas en incentivos positivos.

Las técnicas de modificación conductual están basadas en las tablas diarias en las se premia al niño con una pegatina y al final del recorrido obtiene un premio. Cada semana se cambia el objetivo, pero fundamentalmente funciona de manera que cada día que el niño no se hace pis obtiene un premio que queda reflejado en las tablas.

Las ventajas del método que nosotros presentamos es que se trata de un tratamiento multifactorial y que intenta abarcar una perspectiva global, de manera que su eficacia es real en todos los casos.

Caso práctico. María lo ha probado todo, pero a sus doce años sigue teniendo escapes

María, de doce años, acudió a mi consulta por primera vez acompañada de su madre. Sin embargo, tras las presentaciones iniciales pidió que saliera su madre para quedarse a solas conmigo. La madre no se mostró totalmente de acuerdo, pero nos dejó a solas.

La situación de María les desborda; pensaban que al alcanzar la pubertad —ya le ha venido la regla— desaparecería el problema, pero no ha sido así. María sigue teniendo escapes intermitentes, con períodos secos de una o dos semanas que se alternan con períodos en los que los escapes son diarios.

Ella está muy avergonzada y renuncia a cosas que le hacen mucha ilusión, como ir a dormir a casa de sus amigas o participar en las famosas fiestas en pijama, típicas de esas edades. María ya no sabe qué excusa inventarse y este año no se quiere perder los campamentos, ya que van todos sus compañeros/as. María se siente excluida, hace tiempo que deja de compartir experiencias, lo que la aparta de sus amigas.

Al preguntarle si ella entiende lo que le pasa, responde que no encuentra ninguna explicación porque ha intentado muchas cosas y ninguna le ha dado resultado. Ha probado a no beber por la noche, ha hecho gimnasia de esfínteres, incluso le han dado HAD, pero nada ha funcionado.

Tras realizar, con la ayuda de la madre y de la niña, una exhaustiva recopilación de su historial y datos clínicos más relevantes, diagnosticamos una enuresis secundaria de origen psicológico. Un tipo de enuresis de las más difíciles de superar, ya que siempre hay un factor emocional que incide de forma no predecible.

María había controlado perfectamente sus esfínteres a la edad correspondiente y no se le volvió a escapar el pipí hasta años más tarde. Fue a partir de los seis años, coincidiendo con un cambio de colegio, el inicio de la primaria y cierta presión académica.

María, además, es una niña muy responsable y perfeccionista, con un madre muy exigente al respecto. Los primeros escapes coincidieron con los exámenes. Los nervios, la inseguridad y el miedo al fracaso atacaron su punto débil y María empezó a hacerse pipí por las noches, para desesperación de su madre. Su padre, por cierto, se mantenía más al margen.

Así que a medida que la exigencia académica se ha ido incrementando —ahora empieza la ESO—, los escapes han ido aumentando. Esta situación la hace sentir muy insegura, y su carácter tímido y sensible se ha visto afectado. La medicación tampoco ha surtido ningún efecto y María ha llegado a creer que es un «bicho raro».

La niña me confiesa que uno de los comentarios que más le duelen es el de «no entiendo cómo siendo tan inteligente no puedes controlar una cosa tan simple». Algo que ha oído demasiadas veces, de su padres, del pediatra...

María necesita ayuda urgente y desde varios puntos de vista, para solucionar los aspectos colaterales de su problema. Así que empezamos por solventar el síntoma más evidente, que sólo es la punta del iceberg: los escapes nocturnos.

Por edad y por las causas del problema consideramos oportuno empezar a trabajar con el Pipi-Alarm para darle seguridad a la niña y a la madre y para desbloquear la situación. La alarma del aparato hará que la niña se despierte cuando el sensor de humedad detecte las primeras gotas de orina.

Mientras tanto, María puede dormir tranquila y la madre tiene la seguridad de que no tendrá más trabajo ni sábanas mojadas. En casos como éste, la alarma suele funcionar muy bien porque se trata de niños/as que no presentan ningún desorden del sueño y se despiertan en cuanto la alarma da el primer pitido.

En la siguiente visita, una semana más tarde, ambas están mucho más relajadas, ya que tienen la situación controlada. Es el momento entonces de introducir el tratamiento para generar el acto reflejo y poder así prescindir del aparato de alarma.

El objetivo fundamental ahora es el de ayudarla a ser autosuficiente y el de restaurar su autoestima y la confianza en sus propias posibilidades. Pero topamos con la madre, que no quiere que la niña se deshaga del Pipi-Alarm, a pesar de que nosotros consideramos que ya no lo necesita.

A partir de este punto introducimos sesiones de psicoterapia también para la madre. María está respondiendo muy bien al tratamiento y a la terapia, pero su madre representa un impedimento para que la niña consiga autonomía, ya que la ofusca con su excesiva protección y miedos.

La madre, sin darse cuenta, está volcando todos sus miedos infantiles, no superados, en su hija. Ella vivió una situación muy parecida con un padre muy severo y nunca se lo había dicho a su hija.

Al hablar de esa situación con las dos, todo ha cambiado y hemos encontrado el punto de inflexión. A partir de este momento se han programado visitas de control más espaciadas y el tratamiento es un éxito.

Mejor prevenir que curar.
Lo que debemos evitar

Hemos de tener en cuenta que cualesquiera que sean las causas, ya sean orgánicas o psicológicas, éstas siempre son inconscientes. El niño no se hace pipí encima de manera voluntaria, y ese hecho genera habitualmente una serie de sentimientos ambivalentes en él.

Por una parte, se siente incómodo, ya que la falta de control sobre sus escapes le impide realizar ciertas actividades lúdicas, como ir de excursión, a dormir fuera de casa, con amigos o con la escuela...

No obstante, los escapes también pueden estar actuando de «tapadera» de miedos que tenga el niño. De esta manera, evita hacer cosas que le dan temor, como alejarse de los padres, y, por otra parte, obtiene atención extra de ellos, lo que le gusta y le hace sentirse importante, aunque el motivo —hacerse pipí encima— sea negativo.

Llega un momento en el que el niño no es capaz de controlar esta situación y la impotencia le vence. Entonces su reacción ante el fracaso constante no puede ser cualquiera. ¡Ponte en su piel!

— Intenta no reñirlo por algo de lo que no es conscientemente responsable.
— Desvía la culpa; lo hace sin querer.
— Si tiene buenas intenciones, no se las desbarates.
— Evita las comparaciones con hermanos o amigos que hayan superado esta etapa; sólo conseguirás que se sienta peor.
— Si ya estás harta de cambiar sábanas, intenta que él no se entere. Evita recordárselo constantemente.
— La edad juega en su contra, y él ya lo sabe. Por más que se lo digas, eso no le ayudará a encontrar una solución efectiva.

— Evita los comentarios delante de él o de otros miembros de la familia o amigos. Él lo vive como una humillación.

La indiferencia tampoco es aconsejable en estos casos, ya que el mensaje que el niño recibe es el de que a sus padres no les importa nada lo que le pase, y eso aumenta su desmotivación.

Sin embargo, éste es el consejo más extendido por parte de familiares, amigos, vecinos y de incluso algunos especialistas y pediatras. Le restan importancia, diciendo frases del tipo: «Ya se le pasará, no os preocupéis. De mayor ya no lo hará.»

Está bien quitarle hierro al asunto y que los padres no sientan tanta angustia, pero tampoco hay que negar la importancia que tiene. Por otro lado, no es de ninguna ayuda para el niño no tomar ninguna iniciativa, no hacer nada al respecto o dejar que lleve pañal hasta los diez años.

Con la indiferencia lo único que se consigue es perpetuar la situación y convertirla en una rutina asimilada como un mal menor. Esta actitud presupone a su vez la aceptación de que el niño *no es capaz* de superar un estadio evolutivo normal. El niño, por su parte, interioriza este mensaje, que socaba su autoestima y lo vuelve tímido, inseguro e impotente.

En el otro extremo se encuentran los padres que, desesperados por este conflicto, prueban continuamente cualquier método que llega a sus oídos. De este modo, los padres acaban desorientados y el hijo, desconcertado. El niño termina asumiendo un complejo de conejillo de Indias. Finalmente, las expectativas del niño sobre la solución de su problema van esfumándose y aparece la sensación de condena interminable.

Despacito y buena letra. Creando buenos hábitos desde el principio

A continuación os vamos a ofrecer una serie de pautas básicas y sencillas, una serie de «principios fundamentales», para que tengáis en cuenta antes de empezar con la retirada del pañal. Os serán de mucha ayuda a la hora de crear buenos hábitos en el niño, que a su vez actuarán de consolidación de su aprendizaje desde el principio.

Cuándo empezar. Alrededor de los dieciocho-veinticuatro meses, los niños ya están fisiológicamente preparados para iniciar esta etapa de aprendizaje —siempre en función de la madurez de cada uno para aguantar el pipí.

Se suelen elegir las estaciones calurosas para retirar el pañal y así evitar que el pequeño/a se constipe. El niño se estrenará entonces en una nueva sensación, la de sentirse seco e ir con el culito al aire, como suele decirse.

Se trata de una percepción nueva para él, ya que, hasta donde le alcanza la memoria, su recuerdo es el de llevar pañal (más o menos húmedo) siempre incorporado. La motivación y los incentivos, por tanto, son importantes para su aprendizaje, y esta nueva libertad le hace sentir que traspasa la barrera de bebé a niño grande.

Duración del aprendizaje. La mayoría de los niños superan esta etapa con facilidad en un tiempo que oscila entre los quince días y el mes.

Mientras están aprendiendo a retener el pipí a voluntad es normal que alguna vez se les escape, por alguna razón en concreto o por ninguna en especial.

Hay que tener en cuenta que están en «período de pruebas» y debemos ser indulgentes, de lo contrario podríamos generar un hábito incorrecto, que posteriormente costaría mucho de corregir.

La retirada del pañal de día y el de la noche se ha de hacer sucesivamente. Cuando el niño ya controla el pipí durante el día es el momento en que se ha de empezar a quitarle el pañal de noche.

El mecanismo de aprendizaje es el mismo, y no es recomendable que se desfasen ambos aprendizajes. Por otra parte, cuanto más se retrase la retirada del pañal de noche, peor, ya que el tiempo juega en contra, y el niño aprende a desconectarse y a no controlar el pipí nocturno.

Si no ha aprendido a controlar el pipí en el tiempo recomendado, es mejor no volver a ponerle el pañal. Hemos de tener muy en cuenta que no todos los niños llevan el mismo ritmo de maduración. Puede suceder que los padres vayamos unos pasos por delante del desarrollo madurativo del niño, que nos hayamos adelantado al momento adecuado de quitarle el pañal. Lo mejor entonces es darle más tiempo al niño para que aprenda a controlar el pipí. En cualquier caso, la vuelta atrás no suele ser recomendable. Si ya se le ha retirado el pañal, hay que intentar no volver a ponérselo.

Observa y apunta qué tipo de niño es tu hijo. Hay niños despistados, «reconcentrados» o vagos, que nunca encuentran el momento de ir al lavabo y siempre llegan por los pelos. Otros, sin embargo, son incapaces de retener más de dos gotas de pipí y se pasan el día en el lavabo. Saber a qué tipo de niño te enfrentas te ayudará a encarar también su aprendizaje.

Los cinco hábitos de oro para que controle el pipí

- Elimina de su dieta productos diuréticos o que den mucha sed.
- Vigila que tu hijo haga sus ocho-diez pipís diarios.
- Déjalo sin pañal de vez en cuando.
- Acostúmbralo desde pequeñito al orinal o al adaptador del váter.
- Quítale a la vez el pañal de día y el de noche.

Respuestas clave a las preguntas más frecuentes

Las siguientes son las preguntas más habituales que me hacen los padres en la consulta. Son las cuestiones más frecuentes que se os ocurren a los papás y que probablemente muchos de vosotros también os haréis. Seguro que las respuestas os servirán de orientación y ayuda.

¿Quién debe enseñarle a controlar el pipí, papá, mamá, la canguro o las maestras?

Es más importante cómo se le enseñe que quién lo haga. Lo definitivo es que la persona que se comprometa en el aprendizaje o la terapia sepa muy bien cómo hacerlo y cuente con el apoyo de toda la familia. El niño ha de aprender que en todos los lugares se funciona igual, que hay las mismas normas en casa, en casa de los abuelos o en el colegio.

¿Les cuesta más aprenderlo a los niños que a las niñas?

Por lo general, los niños suelen ser un poco más lentos en la adquisición del control de esfínteres, dada su configuración física. Pero el desfase no llega más allá de unos meses.

¿Es mejor quitarle primero el pañal de día y esperar un tiempo para retirarle el de la noche?

La respuesta es afirmativa. Además, el tiempo máximo que debe transcurrir entre uno y otro ha de ser como máximo de un mes. Si no lo hiciéramos así, podríamos hacer que se inhibiera su aprendizaje nocturno y ocasionarle una enuresis aprendida o debida a hábitos incorrectos.

¿Cuál es la edad límite en la que debemos empezar a preocuparnos por los escapes de pis?

El límite de edad son los cinco años. Si a esta edad el niño no ha adquirido por sí solo el control de esfínteres, debemos ayudarlo para evitar las consecuencias negativas de esta alteración no a nivel físico, sino psicológico. En este caso se debe consultar con un médico, ya sea su pediatra o un psicólogo.

¿Qué sucedería si no hiciéramos nada y continuásemos con el pañal hasta que se le pasara?

A nivel orgánico no ocurriría nada, pero psicológicamente, sí. Si no se hace nada, la edad habitual en la que la enuresis remite de forma natural suele ser la adolescencia, por los motivos que hemos explicado anteriormente. Esa edad se sitúa en los quince años para las chicas y los diecisiete para los chicos. Algunos casos remiten antes, pero la mayoría persisten hasta esas edades.

No obstante, habéis de considerar el efecto que puede tener en un chaval el pasarse toda la infancia con la impotencia de no poder controlar su cuerpo en algo que los demás hacen sin ningún esfuerzo, sintiéndose diferente. Esas condiciones afectan a su personalidad y carácter, todavía en formación.

Los cambios que hemos observado en un niño que ha conseguido superar esta situación con nuestra metodología y su esfuerzo, apoyado por sus padres, son espectaculares. Un niño hasta ese momento tímido y retraído deja de serlo y aparece una seguridad en sí mismo y una extroversión que marcarán para siempre su nueva personalidad.

¿La enuresis es una enfermedad?

No, la enuresis es una alteración o disfunción transitoria sobre el control voluntario de los esfínteres. Según el manual de diagnóstico DSM-IV, la enuresis se define como una alteración disfuncional o madurativa del control de esfínteres.

¿Cuál es el momento ideal para tomar cartas en el asunto?

Cuanto antes mejor. Es mejor intervenir en cuanto se detecta que existe un problema, que no dejarlo alargar innecesariamente. El tiempo es un elemento en contra y cada vez cuesta más desandar el camino del mal hábito.

Para comenzar a tratar al niño con enuresis es importante que los padres actuemos como un equipo que está de acuerdo y se sienten así las bases de nuestras reacciones. Si no, es mejor no empezar.

El niño capta todas las sensaciones que le transmitimos como padres, y si estamos nerviosos o ansiosos, eso es lo que percibirá. El niño, por el contrario, lo que necesita para aprender es tranquilidad y seguridad.

¿Qué momento es el ideal para iniciar el aprendizaje?

Es básico que escojáis una época que no coincida con traslados de domicilio ni salidas de fin de semana durante al menos quince días, para no cambiar el entorno ni las condiciones habituales del niño.

También es importante que no haya influencias externas.

Cuando está de vacaciones, mi hijo no se hace pipí, pero al regresar al colegio se le vuelve a escapar. ¿Qué es lo que pasa?

Éste es un caso bastante habitual que nos permite distinguir claramente las causas de la enuresis. Aquí parece evidente que se trata de una situación de tipo afectivo, en la que el ambiente escolar le produce ansiedad o estrés. El niño entonces llama inconscientemente la atención de los padres mojando las sábanas. Está reclamando unos cuidados extra que en una situación de seguridad emocional no necesita porque ya se siente arropado por la familia.

En este caso, la reacción de los padres es fundamental para que la situación sea simplemente ocasional y no se ritualice. Con cariño y paciencia, las aguas volverán a su cauce.

Sin embargo, puede haber otra causa más simple, como que en horas de clase el niño no pueda ir al lavabo según sus necesidades y la vejiga se sobrecargue, de manera que por la noche esté agotada y no pueda contener adecuadamente la orina.

En este caso hay que vigilar el número de pipís diarios que hace el niño y sacar conclusiones. Si en verano hacía ocho y ahora hace cuatro, ya sabemos qué es lo que pasa.

¿Cómo hay que actuar los fines de semana?

Cuando se trata de niños pequeños es imprescindible alterar el mínimo posible sus rutinas y hábitos básicos, para que realicen sus aprendizajes con el mayor éxito posible.

Podemos variar un poco los horarios, pero las secuencias de actos han de permanecer inalterables. Por ejemplo, si cada día antes de la bañera lo sentamos en el orinal, hemos de intentar hacerlo siempre en el mismo orden para que el niño lo incorpore de forma automática. En los aprendizajes y hábitos básicos, la rutina y el orden son elementos imprescindibles.

¿Y si lo dejamos en casa de los abuelos?

Hay que intentar que los niños sigan las rutinas principales sin agobiarlos excesivamente. No podemos olvidar, por otra parte, que los abuelos no tienen la responsabilidad de educar a los nietos y que por el contrario tienen «licencia para mimar».

Así que no os preocupéis excesivamente, ya que, al cerrar la puerta de su casa, los abuelos establecerán las normas y harán lo que puedan (y probablemente quieran) con vuestro hijo. Los niños, por su parte, al cambiar de ubicación y estar en otra casa, entienden perfectamente que allí hay otras normas. De la misma manera que saben que en la escuela las cosas funcionan de una manera y en casa de otra, y su comportamiento muchas veces es muy distinto en un sitio que en otro. Así que tranquilos, que tras el paréntesis con los abuelos el niño retomará su aprendizaje allí donde lo había dejado.

Y si los abuelos se hacen cargo del niño a diario, ¿cómo hay que actuar?

En este caso las cosas cambian, ya que entonces los abuelos adquieren un papel relevante en su educación y por tanto se han de ajustar más a las reglas establecidas para sus aprendizajes. Todos los que enseñan a diario al niño deben hacerlo de la misma forma, igual que todos los que le dan de comer le ponen un plato y una cuchara.

¿Qué hay que hacer si en la familia hay dos hermanos que padecen enuresis?

Ésta es una circunstancia complicada en la que se hace imprescindible tener un buen diagnóstico diferencial para saber cómo actuar con cada niño. Nos podemos encontrar ante diferentes situaciones, de las cuales las más habituales serían que los dos hermanos fueran enuréticos, dado el carácter genético y hereditario de su transmisión, o podría tratarse de una situación de celos enmascarados.

Como hemos dicho, sería fundamental para solucionar esta enojosa situación hacer un buen diagnóstico diferencial, ya que, aunque la forma de tratarlo sería idéntica, nos permitiría conocer bien la personalidad de ambos niños.

Aunque uno de los dos tuviera celos de su hermano, tanto el pequeño del mayor como a la inversa, nuestro método sería altamente efectivo en ambos casos, porque sentirían que se hace lo mismo por ambos, lo que eliminaría el componente afectivo del problema.

Y si son gemelos, ¿qué hacemos?

La situación en este caso, al ser doble, puede llegar a desbordarnos. Pero nuestro comportamiento ha de ser idéntico al del caso anterior. Por otro lado, entre gemelos siempre hay uno que marca la pauta y otro que se deja llevar. Los síntomas remitirán por contagio entre ambos si se hace bien el entrenamiento.

Y si tiene miedo a tirar de la cadena, ¿qué hacemos?

El miedo a tirar de la cadena es bastante frecuente entre los niños de dos o tres años que están dejando los pañales. Su miedo se basa en que no le gusta perder algo que piensa que forma parte de su cuerpo, y además el ruido de la cisterna puede ser aterrador para él. Su nivel de comprensión todavía no está muy desarrollado y puede tener miedo a que a él también se lo lleve el agua.

La mejor manera de actuar en estos casos es no forzarle y darle tiempo a que se acostumbre.

No tiréis de la cadena cuando él esté presente; poco a poco se le irá pasando. Nuestra recomendación es que se tomen en serio los temores del niño y esperar a que esté preparado.

Nuestro hijo no sabe ir de vientre si no es en los pañales

Es frecuente que los niños que siempre han llevado pañal lleguen a incorporarlo en su esquema corporal y que la sensación de ir desnudo les resulte extraña. Lo que suelen hacer entonces es esperar a la hora de dormir para hacer sus deposiciones.

Esto nos indica que vamos retrasados en el proceso de retirarle el pañal, que quizás hemos esperado demasiado para que deje los pañales. Ahora tendremos que ser pacientes y cautelosos. Hay que ofrecer al niño/a alternativas, evitando forzarle.

Podemos ir con él a comprar un orinal bonito, con música que le guste mucho para que lo utilice de asiento. Hemos de conseguir que se familiarice con él, sin esperar que haga nada. Poco a poco, veremos que empezará a acostumbrarse a ir sin pañal y, con una dieta un poco laxante, lograremos que siga un ritmo normal.

Presión preescolar. ¿Y si no quiere ir al cole porque los demás ya hacen pipí y a él se le escapa?

Tendremos que hablar con sus maestros y ser muy pacientes. También ocurre que hay niños muy escrupulosos a los que les cuesta mucho hacer pipí en el cole. Le hemos de dar un margen de tiempo a nuestro hijo para que no sienta vergüenza si es más lento. En este caso, el incentivo positivo es el más efectivo.

Conclusión

Esta nueva obra sobre el control de esfínteres y la retirada del pañal amplía y actualiza, diez años después, el primer libro que escribí sobre el tema. Con una mayor experiencia en los casos en los que se ha aplicado esta metodología y con la seguridad que aportan los estudios de investigación científica que lo avalan, se han mejorado los protocolos y se ha profundizado en las técnicas de aplicación.

La iniciativa de retomar este tema surgió de los propios padres que acuden cada vez más a consultar sobre la falta de control del pipí. Suelen llegar a la consulta desconcertados, después de un largo recorrido de pruebas infructuosas y de llevar los escapes de sus hijos en silencio.

A mí me siguen preocupando las consecuencias psicológicas, no el hecho de que se les escape el pipí, porque sabemos que esa falta de control se solucionará antes o después; sin embargo, el niño lo vive con una gran sensación de impotencia, en el momento crucial en el que se está formando su personalidad.

Hasta hace poco, siempre se había pensado que el síndrome de la enuresis lo sufrían niños con un determinado carácter: introvertidos, tímidos e inseguros. Sin embargo, lo que hemos descubierto en estos largos años de investigación y trabajo directo es todo lo contrario. Los niños se vuelven retraídos y se van refugiando en sí mismos al comprobar que no pueden ser igual que los demás, y no a la inversa.

La enuresis acaba convirtiéndose en una disfunción invalidante y limitadora en la infancia de nuestro hijo/a, que tiene además graves repercusiones en su desarrollo futuro. La confianza en sí mismo y en sus propias posibilidades, por ejemplo, se ve minada si nuestro hijo no consigue superar un estadio que corresponde a niños pequeños y que le obliga a ser dependiente de un pañal.

Se trata de una situación que le ocasiona vergüenza, incomprensión, retraimiento y sensación de impotencia. Sin embargo, el niño no es así. De manera que el primer día que se le explica que no es «raro» y que lo único que le pasa es que tiene una vejiga más pequeña, el niño respira aliviado.

Imaginaos el efecto que produce a los niños con enuresis que ellos mismos solucionen el problema, con su propio esfuerzo y de forma totalmente natural. Les sube la autoestima y la confianza en sí mismos se ve reforzada. Creen en sus propias posibilidades y su verdadera personalidad se destapa.

Este libro se imprimió en
Rotapapel, S. L.
Móstoles (Madrid)